日本の歴史を旅する

五味文彦
Fumihiko Gomi

岩波新書
1676

はじめに

ここ十数年、日本の各地を訪れることが多く、そのときどきに赴いた地域の歴史を調べ、様々な場で魅力を語ってきた。当初は私の専門である中世史の知見を話題の中心にしていたが、しだいに古代や近世、近代にも話が及ぶようになっている。求められるテーマが中世だけではないからである。

たとえば愛媛県松山市の講演では、是非ともご当地生まれの正岡子規に触れてほしい、という注文があり、鳥取市では『古事記』誕生千三百年の話をしてほしい、と頼まれた。考えてみるに、地域に暮らす一般の人々にとって、その地域の中世史に特に大きな関心があるわけではなく、時代を問わず自分が住む土地の歴史の流れ、特色を知りたいというのが正直なところだろう。こう記す私も、今住んでいる土地の中世史に関心があるのかと問われれば、たまたま専門の関係から多少の知見はあるにしても、さほど強い関心があったわけではない。

そもそも中世の史料はとても少なく、地域を限定するとよくわからないのが実情である。そうした事情もあって、しだいに古代や近世、近代の歴史にも踏み込んで語るようになった。先の松山の講演ではどうしたかといえば、当初の心積もりでは、伊予《いよ》に生まれ、諸国を旅した一遍《いっぺん》をとりあげることを考えたが、急遽、子規を振り出しに伊予の歴史を語ることとした。

だが、子規そのものを語ってゆくと、それだけで終わってしまい、私の専門の強みを生かすことができないので、とりあげたのは子規は子規でも『歌よみに与ふる書』である。子規はここで古代の『万葉集』を高く評価するが、その後の『古今和歌集』への評価は低く、中世で唯一高評価を与えたのが源 実朝《みなもとのさねとも》の歌であった。そこでこの書を出発点に古代の伊予、そして子規の生きた時代がどのような時代であったかを語ってゆくことにしたのである。

鳥取の場合は最初から『古事記』そのものを語ってほしいという注文だけに、『古事記』から直接に入るとなると、専門家も多数いることから、私の専門の強みをどう生かそうかと考えた。

このときは同時期に、東日本大震災の影響もあって、たまたま災害を記した文学作品『方丈記《ほうじょうき》』についての講演依頼があり、『方丈記』も著されてから八百年という切り目の年であったので、講演の演題を「『古事記』千三百年と『方丈記』八百年」とした。こうすると、両作品の書かれた時代の違いとともに、その共通性が見えてきて、俄然、内容が立ち上がってくるのを感じ、両作品の関わりからさらに『古事記』に見える因幡《いなば》の国づくりの話を語った。

本書はそうした講演をベースにした地域史把握の試みであって、各地域が有するその独自な力を歴史的に探るものである。かつて東京大学出版会の雑誌『ＵＰ』に連載した「地域の力を歴史に探る」（二〇〇九〜一一年）の小論に大幅に訂正を加え、増補した。その際、地域に特有な人・山・食・道に注目して整理した。

「人」とはその地域で活躍した人、「山」とは地域に愛された山々、「食」とは地域で生まれた食事や生産物、「道」とは地域を結び文化を運ぶ山野の道、河海の道であって、これらをキーワードに地域の力を私の歴史への旅とともに見てゆく。

対象とした地域であるが、東京・神奈川・宮城・愛知・京都・大阪・広島・福岡など大都市圏は除いた。これらについては多くの情報が溢れていて、改めて見てゆくとなると、そのどれ一つをとっても一書になってしまうからである。

なお地域といってもごく限られた狭い地域もあれば、広域な場合もある。地域の力は他所との交流を通じて引き出されてくることが多く、また比較によって明らかになることもあるので、できるだけ広くとることにした。

では最初に「人」を手掛かりに、探索の旅をはじめよう。

目　次

II 山《やま》

III 食《しょく》

Ⅳ　道《みち》

I

人《ひと》

蕪村筆　芭蕉坐像図（江東区芭蕉記念館所蔵）

1 芭蕉　大津に蓄積された情報力

◆滋賀県大津市

俳人の松尾芭蕉《ばしょう》は東北地方を経て日本海沿岸を下る旅をして、その吟行を綴った『奥の細道』に、「月日は百代《はくたい》の過客《かかく》にして、行《いき》かふ年も又旅人也」と記している。多くの土地を訪ね、その風景や人情などを記しており、まずはこの芭蕉を手掛かりに見てゆこう。

『奥の細道』での芭蕉の旅の出発点は江戸の芭蕉庵《ばしょうあん》であり、山形では芭蕉を特に歓待して受け入れていることから、ともに話の始まりの地として魅力的だが、ここでとりあげるのは『奥の細道』の執筆に取り掛かったと考えられる近江《おうみ》の大津《おおつ》である。

芭蕉は晩年、大津の幻住庵《げんじゅう》や義仲寺《ぎちゅう》に庵を結び、元禄《げんろく》七(一六九四)年十月に大坂の南御堂《みなみみどう》の門前にある花屋仁右衛門《はなやにえもん》の旅館で亡くなる際には、「木曽殿《きそどの》」と塚をならべてほしいと遺言し、弟子の手で遺骸が大津の義仲寺に運ばれ葬られた。どうも芭蕉にとって大津は特別な土地だったらしい。

近くの伊賀上野《いがうえの》に育った芭蕉が、各地の俳人と交流するなか、庵を大津に結び、墓所をここに指定したのは、木曾義仲《よしなか》との関わりがあることは間違いないが、それだけではなかろう。大津の歴史をひもといてみればその理由がわかるに違いない。

大津には早くは天智《てんじ》天皇紀六(六六七)年に大津宮が置かれ、中世には交通業者である馬借《ばしゃく》の根拠地となり、近世には東海道の宿場・城下町として発展してきた。交通の要衝であって、様々な情報が集まる場、情報の発信地であった。芭蕉はこの点に注目したものと見られる。

東国への旅の起点であれば、京を出た旅人は大津に出たところで、都での出来事を振り返りつつ、これからの旅の行き先を考え、また京をめざしてきた旅人は大津に辿り着いたところで、目的地の京でどう過ごすか、いかに動くかを考えた。大津は東から陸・海の道が集まり、南は宇治・奈良につながっていた。

そう、大津は情報史という視点から考えてゆくならば、その魅力が明らかになってこよう。

交通と情報の担い手

天智天皇が大津に宮を置いたのは、直接には朝鮮半島の新羅《しらぎ》に敗れたことによる。それまで宮都は大和《やまと》や難波《なにわ》に置かれていたのだが、大陸からの脅威に対処するなか、新たな政治を展望してのことであった。近江朝廷は「近江令《おうみりょう》」を制定したという。

天皇は東国の豪族の軍事力による支えを考えていたのであるが、天皇の死後、天武《てんむ》天皇紀元(六七二)年に壬申《じんしん》の乱を起こした弟の大海人《おおしあま》皇子(天武天皇)は、吉野《よしの》で挙兵した後、その東国の軍事力を握り、天智の後継者大友《おおとも》皇子を攻め、皇子が自害して大津宮は廃絶となった。

とはいえ、その後も大津の重要度はいささかも低下しなかった。藤原京の造営では田上杣《たなかみのそま》(大津市南部)の材木が瀬田《せた》川を下って使われ、聖武《しょうむ》天皇は天平《てんぴょう》十四(七四二)年に大津の東南、信楽《しがらき》の地に宮を造営しており(紫香楽宮《しがらきのみや》)、天平十九(七四七)年には石山寺《いしやまでら》が建立されている。

琵琶湖《びわこ》から流れ出た瀬田川は、田上を経て宇治川となって山城の巨椋池《おぐらのいけ》に注ぎ、やがて池を出て淀《よど》川となって山崎を経て難波の海へと流れ入るが、その上流の瀬田川には勢多橋、中流の宇治川には宇治橋、下流の淀川には山崎橋と三つの大橋が架けられ、平安京の重要な防衛・交通施設として機能した。

京と大津の間には逢坂《おうさか》の関が設けられ、東国からの物産が大津に集まると、馬借や車借《しゃしゃく》の手

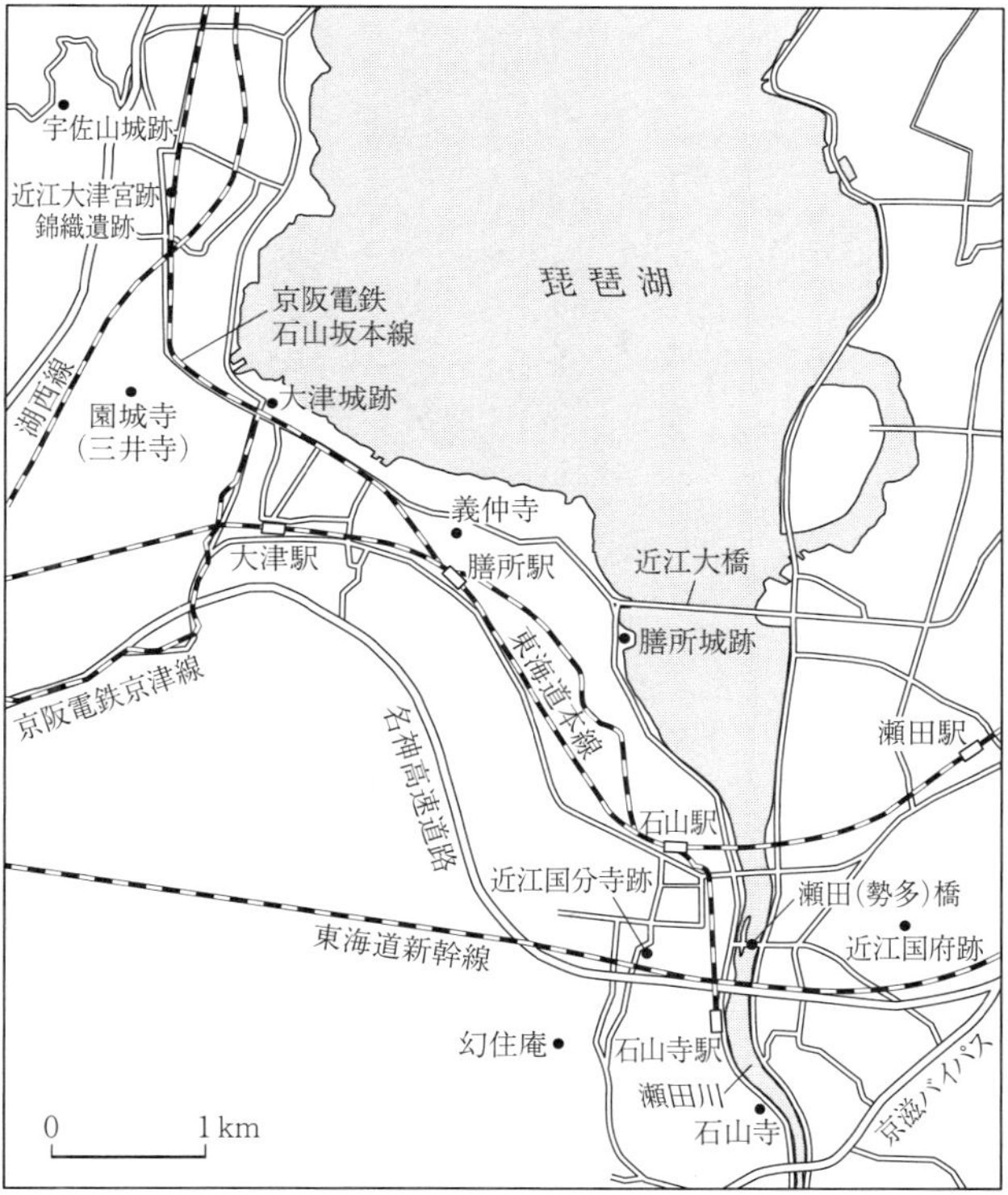
琵琶湖
宇佐山城跡
近江大津宮跡
錦織遺跡
京阪電鉄
石山坂本線
湖西線
園城寺
(三井寺)
大津城跡
義仲寺
大津駅
膳所駅
近江大橋
膳所城跡
東海道本線
京阪電鉄京津線
名神高速道路
瀬田駅
石山駅
近江国分寺跡
瀬田(勢多)橋
近江国府跡
東海道新幹線
幻住庵
石山寺駅
瀬田川
石山寺
京滋バイパス
0
1km

大津市周辺

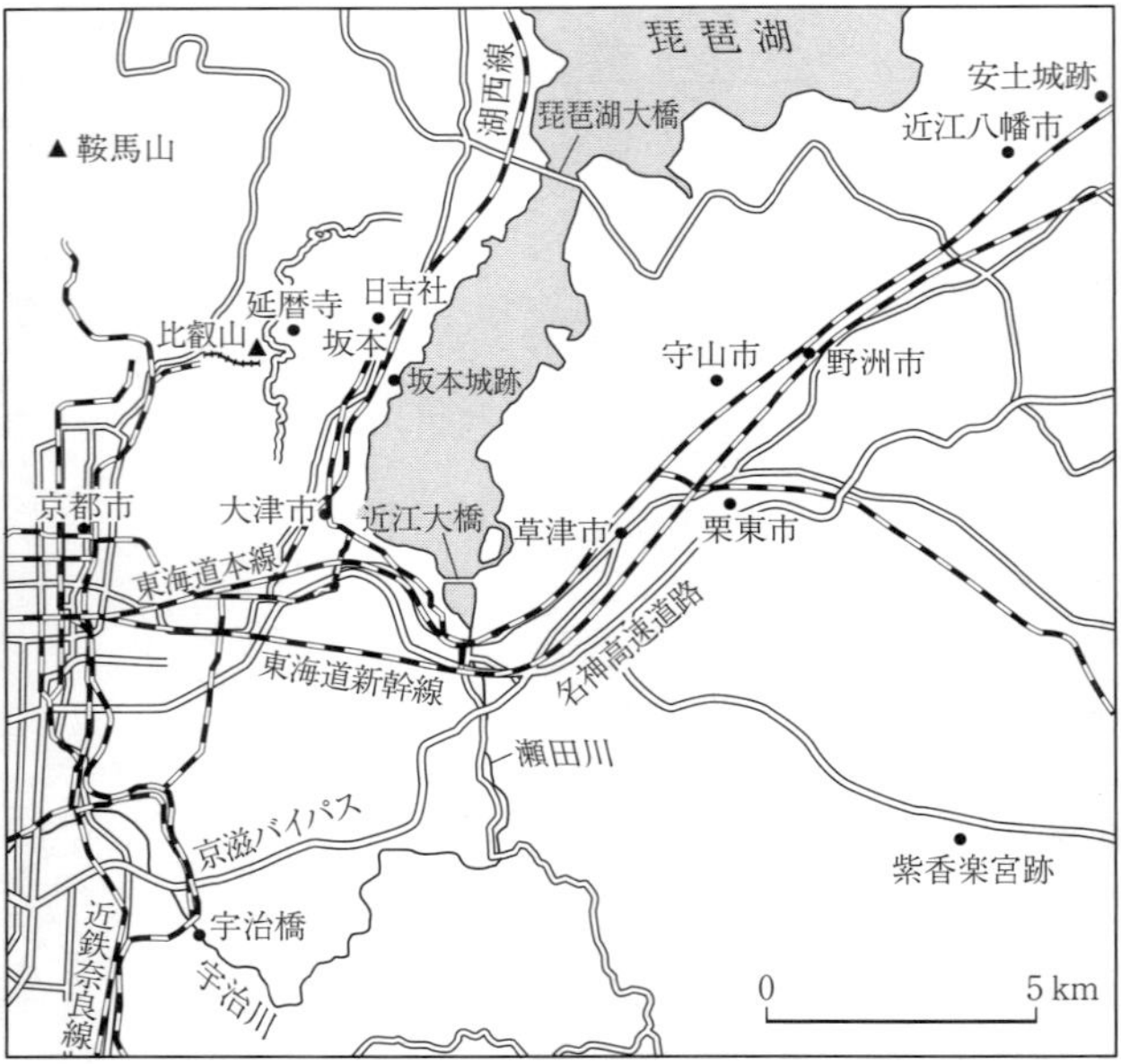

大津市周辺（広域図）

によって京へと運ばれた。十一世紀に成った藤原明衡《ふじわらのあきひら》『新猿楽記《しんさるがくき》』は、西の京で開催された祭の見物にやってきた右衛門尉《うえもんのじょう》一家を紹介する形で様々な職能の人々の生態を描いているが、その妻三人、娘十六人、男子九人のうちの七女の夫は交通業者の馬借・車借であって、大津と山崎との間を往来して物資を運搬していたという。

同じ頃、貴族や女房たちは石山寺に籠もって、その如意輪観音《にょいりんかんのん》に祈りをささげる石山詣を行ったが、その様子を描くのが鎌倉時代末に成った絵巻『石山寺縁起《えんぎ》』である。

文人の源順《したごう》が『万葉集』の解読に困って石山詣をした話や『更級日記《さらしな》』の著者の菅原孝標《すがわらのたかすえの》女《むすめ》が石山寺に参詣した話などを載せ、その絵には米俵を馬の背に乗せて運ぶ馬借や、往来する行商人の姿などが描かれている。

中世都市としての大津

大津は琵琶湖に面する港湾都市として発展するとともに、宗教都市の性格をも帯びていた。延暦《えんりゃく》七(七八八)年に最澄《さいちょう》が比叡山《ひえいざん》に延暦寺を建立すると、延暦寺の東の麓《ふもと》の坂本が賑わうようになり、その延暦寺の内部対立から円珍《えんちん》門徒が園城寺《おんじょう》(三井寺《みいでら》)を拠点とするようになってからは、三井寺近くの大津が膝下の港湾都市として発展してきた。

延暦・三井両寺は山門《さんもん》・寺門《じもん》と称され、大津の浦を分割して東浦を延暦寺が、西浦を三井寺がおさえていったことから、大津には各地から富や情報が集まって繁栄を謳歌した。『今昔物語集《こんじゃくものがたりしゅう》』はこの地に集まった情報をもとに編まれた説話集であり、その本朝《ほんちょう》仏法部の巻十三の十四話は比叡山の横川《よかわ》の僧鎮源《ちんげん》の『大日本国法華経験記《ほけきょうげんき》』に載る話から採っている。

巻二十は天狗《てんぐ》や怪異の話を多く集めていて、天竺《てんじく》の天狗が震旦《しんたん》を経て日本に渡来し、宇治川・琵琶湖を通って比叡山の横川にやってきたという一話をはじめ、比叡山や近江の話を多く載せている。世俗部を見ても近江国の地理に詳しい話が多い。

たとえば藤原利仁《としひと》将軍が京から摂関《せっかん》に仕える五位を連れ出し、近江を経て越前《えちぜん》の敦賀《つるが》まで赴いて芋粥《いもがゆ》をたらふく食べさせた巻二十六の十七話は、芥川龍之介の『芋粥』の原話だが、五位は京から逢坂の関を経て三井寺の僧房に泊まってそこから三津《みつ》(坂本)を通り、敦賀に赴いて歓待されている。

ほかにも国府の近江守の館に詰めていた侍たちの雑談から始まる話や、東国から上ってきた男が勢多橋を渡ってその近くの泊まった家で鬼に遭った話など大津近辺の話はまことに多い。『今昔物語集』が成立した十二世紀初頭には、京や奈良・宇治・博多《はかた》などの都市に街区が形成されているので、ここ大津も都市として発展していった可能性が高い。坂本に鎮座する延暦寺の鎮守日吉《ひよし》社に奉仕する大津神人《じにん》の活動は、九州にまで及んでいて、彼らは日吉社に寄せられた「上分米《じょうぶんまい》」の米銭を資金に貸し付けて利をあげていたが、それは大津に入ってきた情報を活用したものであろう。神人とは、神社に奉仕し、特権を与えられた神職である。

情報が集まる大津には源氏《げんじ》の武士が早くから目をつけた。十一世紀に東国武士を率いて奥州での合戦に勝利した源頼義《よりよし》は、三井寺の鎮守社である新羅明神《しんらみょうじん》に祈って子の義光《よしみつ》が授かったことから、義光を新羅三郎と名づけたが、その子孫は近江から東山道《とうさんどう》へと広がっていった。近江源氏や常陸《ひたち》源氏の佐竹《さたけ》氏、甲斐《かい》源氏の武田《たけだ》氏などである。

彼らは源頼朝《よりとも》の挙兵以前から反平氏《へいし》の動きを見せ、畿内近国の源平《げんぺい》の争乱はこの地から始まった。大津は武士と延暦寺・三井寺大衆《だいしゅ》など北嶺《ほくれい》の衆徒との接点となり、これ以後、中世の政治・軍事上の表舞台になってゆく。

武士と衆徒

治承《じしょう》四(一一八〇)年に源頼政《よりまさ》の誘いをうけ、平氏打倒をめざして挙兵した以仁王《もちひとおう》は、三井寺の衆徒を頼んで入り情報を集めたところ、延暦寺の衆徒が加わらないことがわかり、南都《なんと》興福《こうふく》寺の衆徒を頼みに奈良へと向かったが、その途中、宇治川の合戦で敗死してしまう。

この以仁王の乱を契機に諸国の源氏は平氏打倒に向けて一斉に蜂起した。そこで平氏は近江源氏を攻めてこれを平定したものの、三年後には北陸道から入ってきた木曾義仲によって近江を奪われ、京を追われてしまう。義仲は近江源氏などを率いて入京したが、その義仲も頼朝が派遣した源範頼《のりより》・義経《よしつね》軍に攻められた。

宇治から京に入った義経に追われ、東国をめざして大津にまで逃れてきたところを攻められて義仲は討死した。『平家物語』は義仲が大津に逃れてきた場面を印象的に次のように描いている。

木曾殿、今井四郎、今はただ主従二騎になつて、のたまひけるは、日ごろは何とも覚えぬ鎧《よろい》が今日は重うなつたるぞや、(中略)汝《なんじ》と一所で如何《いか》にもなり候はん為にこそ、是《ここ》まで遁《のが》れたれ。一所でこそ討死をもせめ。

木曽で挙兵し念願の入京を果たしたものの、夢破れた義仲は乳母子《めのとご》の今井《いまい》兼平《かねひら》とともに大津の粟津松原《あわづのまつばら》で討死を遂げたのである。

この義仲を破って鎌倉に政権を築いた源頼朝は、建久《けんきゅう》六(一一九五)年の二度目の上洛で勢多橋まで来ると、比叡山(山門)の大衆に使者を出し、先年に起きた近江守護の佐々木氏が比叡山大衆と対立した事件について釈明し、無事に入京している。

承久《じょうきゅう》三(一二二一)年六月の承久の乱では、勢多橋が攻防の場となった。幕府軍を率いる北条《ほうじょう》時房《ときふさ》が押し寄せると、京方軍と比叡山の衆徒が橋を引いて守備していたため攻めあぐね、北条泰時《やすとき》率いる幕府軍が宇治から宇治橋を突破して京方を破っている。

南北朝動乱期には、「バサラ大名」京極道誉《きょうごくどうよ》が暦応《りゃくおう》三(一三四〇)年に比叡山の大衆の訴えから配流された際、近江の国分寺《こくぶんじ》まで来たところで、若党たちに命じ、比叡山の神の使者とされる猿の皮で作った靫《うつぼ》や腰当を持たせ、大衆を嘲弄しその存在を誇示した（『太平記《たいへいき》』）。

一揆と馬借

室町時代に入ると、大津は湊町として大いに繁栄した。さまざまな知識を往復書簡の形で記す往来物の『庭訓往来《ていきんおうらい》』は、日本列島各地の町の繁栄を次のように記している。

京の町人、浜の商人、鎌倉の誂物《あつらえもの》、宰府《さいふ》の交易、室《むろ》・兵庫《ひょうご》の船頭、淀《よど》・河尻《かわじり》の刀禰《とね》、大津・坂本の馬借、鳥羽・白河の車借、泊々の借上《かしあげ》、湊々の替銭《かえせん》、浦々の問丸《といまる》、割符《さいふ》を以て、之を進上し、俶載《しゅくさい》（積載）に任せて之を運送す。

京の町人の次に「浜の商人」とのみあって、浜の地名が入っていないのは、琵琶湖岸や淀川、瀬戸内海の浜、あるいは伊勢湾の湊など、京に来る浜の商人を京の町人と対比させたのであろう。そのうちの琵琶湖沿岸の代表が大津の浜の商人であり、さらに「大津・坂本の馬借」も特別に記されている。

琵琶湖畔には多くの湊町が生まれており、湖東の今堀郷《いまぼりごう》の商人は伊勢への交易路である八風《はっぷう》街道を開き、北は琵琶湖を経て若狭《わかさ》の小浜《おばま》を結ぶ九里半《くりはん》街道にも権益を有していた。

将軍足利義持《あしかがよしもち》の時代、応永《おうえい》二十五(一四一八)年に大津の馬借は祇園《ぎおん》社に押し寄せて新関設置を抗議し、応永三十三(一四二六)年には坂本の馬借が米の購入に関して京の北野社や祇園社に乱入して閉籠する事件を起こすなど馬借の活動が広がった。将軍が義教《よしのり》となり、天皇が後花園《ごはなぞの》天皇へと代替わりした正長《しょうちょう》元(一四二八)年八月、近江の馬借の一揆《いっき》に始まって、京都・奈良などへと波及する正長の徳政《とくせい》一揆が起きた。

一天下の土民《どみん》蜂起す。徳政と号し、酒屋・土倉・寺院等を破却せしめ、雑物等 恣《ほしいまま》にこれを取り、借銭等 悉《ことごと》くこれを破る。管領これを成敗す。凡《およ》そ亡国の基、これに過ぐべからず。日本開白《かいびゃく》以来、土民の蜂起是れ初めなり。　（『大乗院日記目録』）

一揆は借用証文を破棄する徳政を求めて山城《やましろ》の醍醐《だいご》に入り、さらに京へと入って、その後は大和・伊賀・伊勢《いせ》・紀伊《きい》・和泉《いずみ》・河内《かわち》・播磨《はりま》などにまで拡大した。大和の守護権を握る興福寺は、十一月に借銭破棄の徳政を宣言し、翌年に近江でも一国内平均に徳政が実施された。

その将軍義教の殺害後に起きた嘉吉《かきつ》の徳政一揆もまた、近江に発するなど、一揆集団では常に馬借が先頭にあった。情報力と機動力がある馬借によって一揆は広がり、ついには室町幕府を揺るがすところまでに至ったのである。

天下人の城郭展示場

戦国時代の近江はしばしば室町将軍の避難所となっていて、最後の将軍となる義昭《よしあき》も近江に逃れたが、織田信長《おだのぶなが》はその義昭をともなって永禄《えいろく》十一(一五六八)年に上洛すると、元亀《げんき》二(一五七一)年に比叡山を焼き討ちした。

越前朝倉《あさくら》氏・山門連合軍に悩まされた信長は、三井寺と比叡山の中間に位置する、かつての大津京近くの宇佐山《うさやま》城において焼き討ちを指示したことから、ここに武士と衆徒との関係は決着をみたのであり、この情報は瞬く間に全国に広がった。

山門の焼き討ちはしばしばあって、今回の焼き討ちに京の公家はさほど驚かなかったが、信長が焼き討ちにより衆徒を滅ぼしたという情報が列島を駆け巡り、社会に大きな影響をあたえたのである。その焼き討ち後、信長は明智光秀《あけちみつひで》に命じ麓の坂本に城を築かせた。「築城のことに造詣が深く、優れた建築手腕の持ち主」と、宣教師ルイス・フロイスに称された光秀が造った。この城郭は、「日本人にとって豪壮華麗なもので、信長が安土《あづち》山に建てたものに次ぎ、この明智の城ほど有名なものは天下にないほどであった」という(『日本史』)。

その築城は安土城築城の四年前のことで、安土城とともに信長の勢威を広く世に知らせるものとなったが、信長はその坂本城の城主であった光秀に京の本能寺で討たれてしまい、この光秀を天正《てんしょう》十(一五八二)年六月、山崎の天王山の合戦で滅ぼした羽柴秀吉《はしばひでよし》は、翌年に越前の柴田《しばた》勝家《かついえ》を破った後、信長の後継者であることを坂本で表明している。

天正十四年頃に秀吉は大津の中心部に大津城を築いている。経済の流れを重視し、京から大坂城へと政権の所在地を移すなか、東国の物資や情報が集まる大津の重要性を認識し、その中心部に城郭を築いたのである。

その大津城では、慶長《けいちょう》五(一六〇〇)年の関ヶ原の合戦の前哨戦があって、東軍に属した京極高次《たかつぐ》がここを守ったものの、西軍に攻められて落城する。この時、大津城攻めを見ようと「京の町人共が」多く見物にきていたという。大津城は背後を山に囲まれ、防御には弱かったのだが、ここで西軍を足止めしたことが、関ヶ原の合戦での徳川家康《いえやす》勝利の一因となった。

関ヶ原の合戦で勝利した家康は、九月二十日に大津城に入ると、ここで戦後処理にあたった。大坂城にいる毛利《もうり》輝元《てるもと》から城の西の丸を請け取って、二十七日に大津城を出て大坂に到着し、徳川政権を確立させたのである。

翌年には大津を直轄地として町奉行《まちぶぎょう》を置くとともに、大津城を廃し、大津と瀬田の間の粟津に膳所《ぜぜ》城を造らせて、瀬田川・琵琶湖を背後の備えとする軍事上の位置づけを明確にし、大津の経済的繁栄を支えさせた。膳所城の縄張りは近江甲賀《こうか》出身の藤堂高虎《とうどうたかとら》の手になるものだが、この築城の名手は続いて伊賀・伊勢を領して伊勢の津《つ》に城を築いており、この津藩で若き芭蕉は成長したのである。

このように天下人が次々と大津とその周辺に築城したのは、大津が情報の結節点だったことをよく物語っている。いずれの城も湖畔に面して湖と陸に睨みをきかす壮麗なものであったが、どれも廃城とされてしまい、石垣や建築物が他に移されたので、今、訪れてもその故地には目ぼしい遺構はない。

私は坂本城の跡を訪ねてみたが、浜辺に石垣の跡らしきものが見えるに過ぎなかった。石垣の石は大津城の築城のために移されたが、その大津城の跡も石碑のみが教えてくれる。

芭蕉の旅と大津

大津は家康によって地子《じし》(地代)を免除されて東海道の宿場町となり発展してゆき、そこに新たな文化が育まれ成長した町人に芭蕉は迎えられたのである。元禄《げんろく》三(一六九〇)年に琵琶湖に遊んだ芭蕉は去り行く春を惜しみ「行く春を近江の人と惜しみける」の句を詠んでいる。

この前年に芭蕉は奥州《おうしゅう》を廻った。当初の目的は源義経や西行《さいぎょう》の跡を訪ねることにあったが、日本海側の北陸道を南下するなか、木曾義仲への関心が高まったのであろう。義仲と戦って加賀の篠原《しのはら》で討死した斎藤別当実盛《さいとうべっとうさねもり》を想い「むざんやな甲《かぶと》の下のきりぎりす」と詠んでいる。夢破れて旅の途中で亡くなった人々へ愛惜の念を抱いていた。

『奥の細道』の序文に、「古人も多く旅に死せるあり」と記しているが、この「古人」の一人に義仲を見ていたのであろう。大津の国分山の幻住庵や義仲寺の無名庵《むみょう》に滞在し、各地から大津にやってくる俳人と交流を重ねるなか、『奥の細道』を書いたのであれば、幻住庵や無名庵でも執筆したことであろう。芭蕉が本格的に文章を書き始めたのは『幻住庵記』である。

やがて大坂で病に倒れてその生涯を終え、元禄七(一六九四)年十月十四日に義仲寺に葬られた。義仲寺は戦国期に近江の六角《ろっかく》氏に整備された義仲供養の寺であって、その義仲の供養塔と隣りあわせに芭蕉の墓があり、近くには伊勢の俳人の又玄《ゆうげん》が無名庵に滞在する芭蕉を訪ねて詠んだ「木曾殿と背中合はせの寒さかな」という句碑がある。義仲寺の御堂である翁堂の天井には伊藤若冲《いとうじゃくちゅう》の絵が描かれているのも興味深い。

義仲寺の少し南、ＪＲ膳所駅の近くの龍岡《たつがおか》には、芭蕉の門人たちの墓が並んであり、芭蕉が人々を引き寄せたのであろう。

＊

情報が集まる場、情報を発信する場としての大津の地域の力を見てきた。大都市に集中しがちな情報ではあるが、その近くにある土地にこそ情報は集積されたのであり、新たな発信力をもつところとなった。早くから情報の先端にあった大津の今後の情報力に期待しよう。

2 連歌師宗長

伊勢湾岸を襲った災害を越えて

◆三重県東部

芭蕉など俳人は江戸時代に各地を旅してその地の風景を記したが、中世では連歌師《れんがし》がよく旅をした。『庭訓往来』などの往来物や紀行文に連歌師の手になるものが多いのはそのためであって、戦国時代になると、飯尾宗祇《いのおそうぎ》とその弟子の柴屋軒宗長《さいおくけんそうちょう》らが地方の大名・小名に呼ばれて連歌を行い、その旅の紀行文に各地の風景が記されている。

なかでも宗長の『宗長日記』には多くの見聞が記されていて興味深い。駿河《するが》に育って大名今川氏に仕えた宗長は、師の宗祇とともに博多を訪れるなど各地に赴いていて、大永《だいえい》二(一五二二)年には駿河から伊勢神宮をめざし、知多《ちた》半島の野間《のま》辺りから伊勢の大湊《おおみなと》に渡り、神宮で千句の連歌法楽《ほうらく》を行った。

それが済んで亀山に向かう途中、安濃津《あのつ》にたどり着いたところ、そこで見たのはかつては四、五千軒の家や堂塔があったのに、津波に襲われた跡のみが残り、浅茅《あさじ》や蓬《よもぎ》の生えるままになっていた風景であった。その荒廃した地に立ち途方に暮れたという。

このように自然災害に遭遇した土地の様子を記した文学といえば、鴨長明《かものちょうめい》の『方丈記《ほうじょうき》』が知られるが、宗長は伊勢湾岸地域の被災状況を記している。伊勢湾岸といえば昭和三十四(一九五九)年に伊勢湾台風により甚大な被害を受け、高度成長期には四日市《よっかいち》のコンビナートで公害問題が起きるなど、災害との関わりがことに深く、伊勢湾台風とともに災害対策基本法が制定され、公害の広がりとともに公害対策基本法が制定されたのであった。

そこで災害とその復興の面から伊勢湾地域の歴史を探ってゆくなか、見えてきたのが災害復興史という観点である。

安濃津を襲った災害

伊勢は古くから開けた土地である。朝廷と深いつながりがある伊勢神宮と熱田《あつた》神宮が伊勢湾の南北に鎮座し、中世には博多津・坊津《ぼうのつ》(鹿児島県南さつま市)と並び、「日本三津《しん》」と謳われた安濃津(三重県津市)が栄えた(『武備志《ぶびし》』)。

安濃津が良港であったことは伊勢湾で漂流したタンカーが津に漂着したという報道からもうかがえるが、中世には二度にわたりここを大津波が襲った。その最初は永長《えいちょう》元(一〇九六)年に「伊勢国阿乃津(安濃津)の民戸、地震の間、大波浪のため多く以て損《そこな》はる」と見えるもので(『中右記《ちゅうゆうき》』同年十二月九日条)、この時の地震では京にも被害が及び、勢多橋も落ちたが、津波は伊勢・駿河を襲い、木曽川下流の鹿取・野代の地は「空変海塵」の状態になったという(『近衛家文書』)。地震の規模はマグニチュード八強と推定されている。

都の貴族の耳にここでの被害がすぐに伝わったのは、京都を出て勢多橋を渡って伊勢神宮を結ぶ伊勢参宮街道が近くを通っていたこととも関係していた。当初、参宮街道は安濃津を通らずに陸路を神宮に向かっていたが、やがて亀山から安濃津を経て向かう道が一般的となった。伊勢湾が安定して利用されるようになったためである。

院政時代の大津で大津神人が成長し、大津を都市として発展させてきたのと同様に、安濃津には安濃津御厨《みくりや》と称される伊勢神宮の荘園が成立し、ここを拠点とする安濃津神人が盛んな活動によって湊町を開いてきた。元永《げんえい》元(一一一八)年三月二十九日に安濃津神人が遠江守《とおとうみのかみ》藤原基《もと》俊《とし》を訴えた記事が見え(『中右記』)、安濃津神人の活動は静岡県西部にまで及んでいた。

伊勢神宮の御厨は伊勢から志摩《しま》・尾張《おわり》・三河《みかわ》・遠江など東海地方へと広がってゆき、安濃津

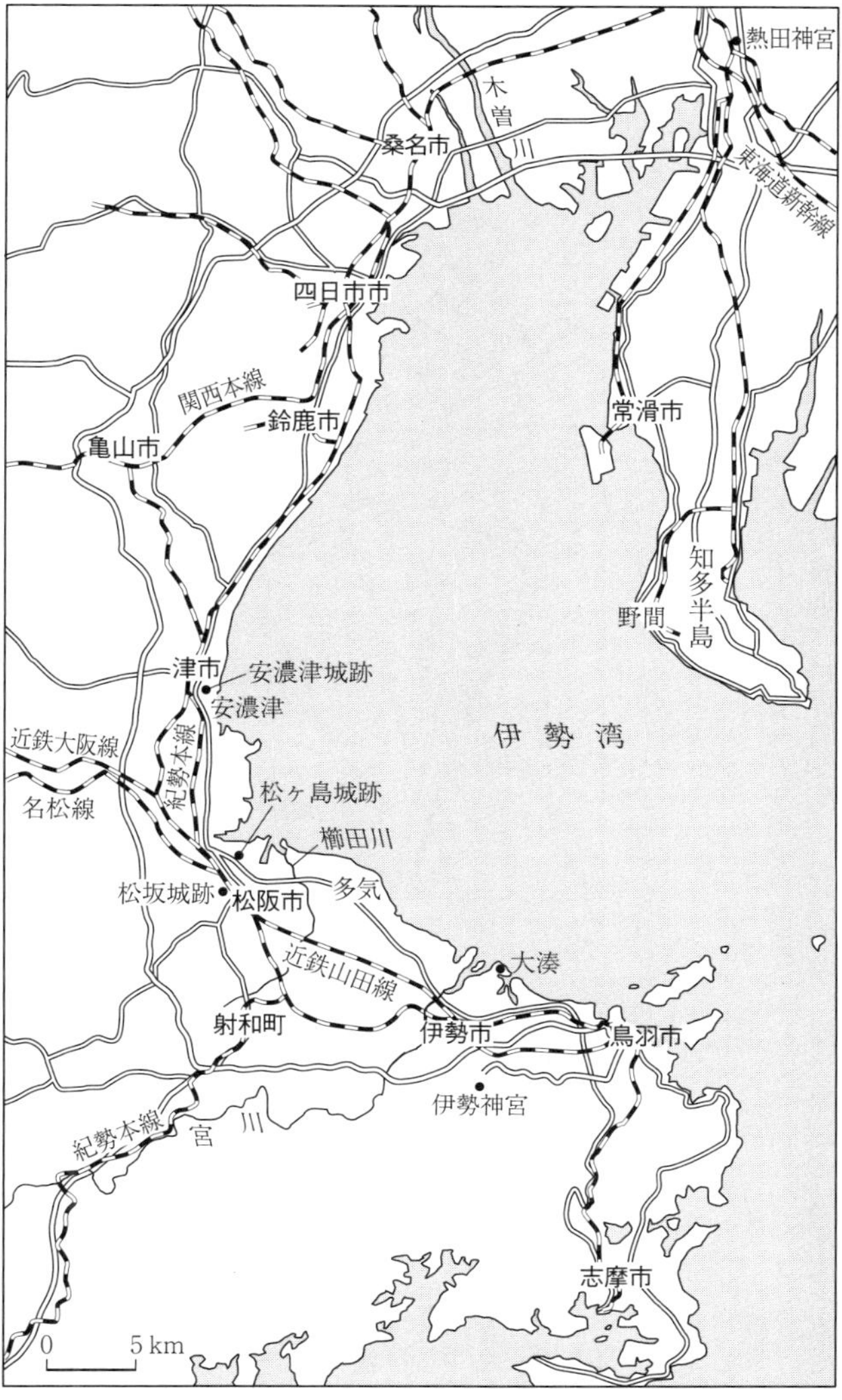
熱田神宮
木曽川
桑名市
東海道新幹線
四日市市
関西本線
鈴鹿市
亀山市
常滑市
知多半島
野間
津市
安濃津城跡
安濃津
伊勢湾
近鉄大阪線
紀勢本線
名松線
松ヶ島城跡
櫛田川
多気
松坂城跡
松阪市
近鉄山田線
大湊
射和町
伊勢市
鳥羽市
伊勢神宮
紀勢本線
宮川
志摩市
0
5 km

伊勢湾沿岸

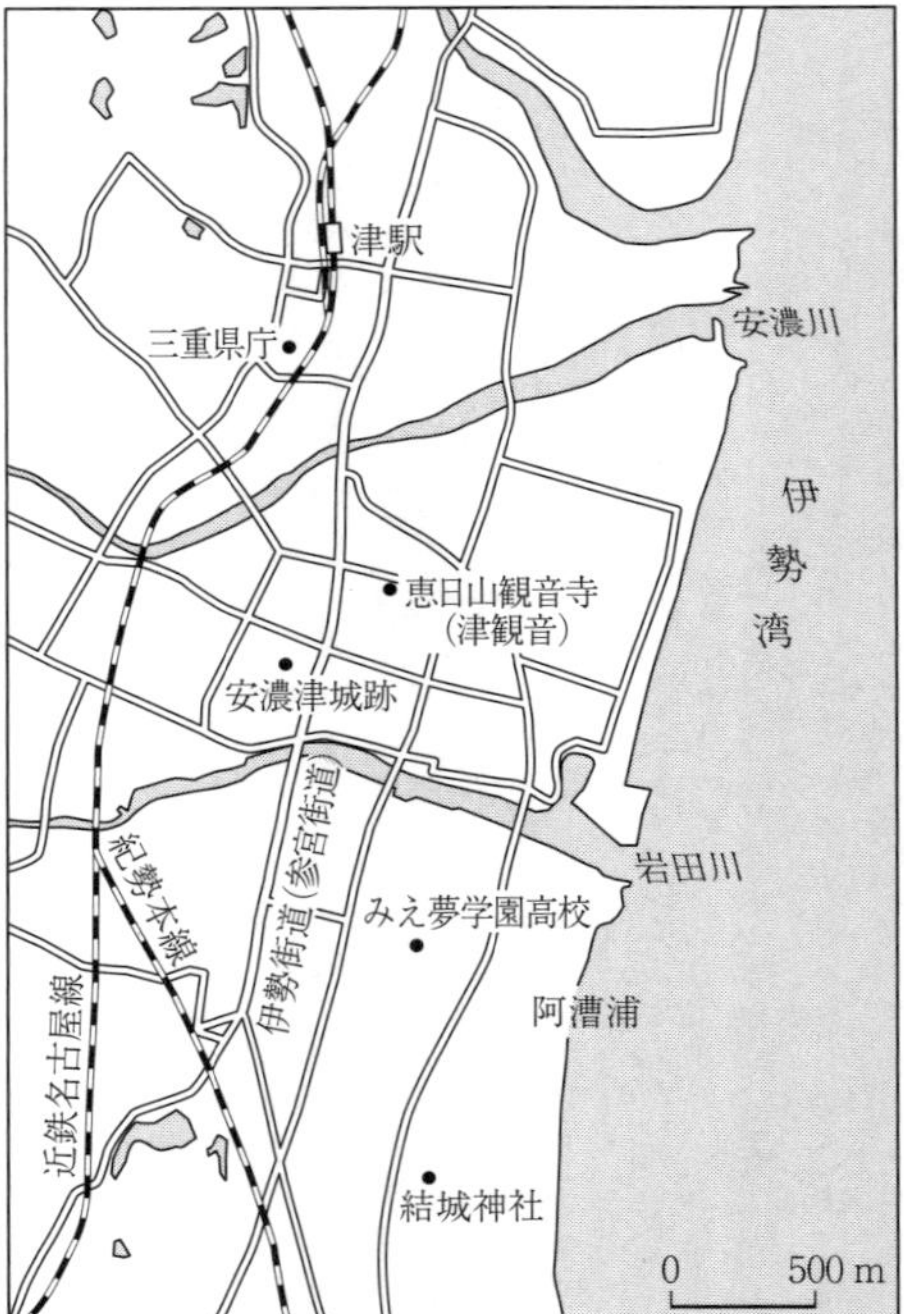

安濃津周辺

神人の活動はその海域を中心に広範な活動を展開していったのである。鎌倉時代の建久七(一一九六)年四月十五日の「伊勢太神宮《だいじんぐう》神主帖」には、諸国を往来して「交易の計」を成す「安濃津御厨の刀禰《とね》」の存在が記されている(『神宮雑書』)。

　こうして大津波で大きな被害を受けた安濃津は、伊勢神宮に関わる神人や土地の長である刀禰たちの手によって復興を遂げたのである。

伊勢湾岸の湊町

十三世紀後半になると、日本列島の各地には湊町が生まれており、鎌倉幕府の成長とともに伊勢湾岸の湊町も活況を呈した。幕府が伊勢神宮の存在に注目して厚く保護し、神宮の信仰が東国に広がったことから、伊勢と東国を結ぶ海の道の往来が盛んになったからである。

安濃津の対岸の知多半島では常滑焼《とこなめやき》が生産され、東国の各地に出土しているが、それらは伊勢湾岸地域、特に安濃津の人々により運ばれたのであろう。津市の県立みえ夢学園高等学校の発掘調査をした際、鎌倉後期の遺構から多くの遺物が出土したが、そのなかに常滑から窯ごと仕入れていた未使用の山茶碗があって、ここが常滑焼の大型壺の集積場であったと推測され、さらに街並みの存在も確認された。この時代には「五月一日の安乃津市」の存在が記録に見えている。

南北朝時代になると、御伽草子《おとぎぞうし》『猿源氏草紙』に「「伊勢国に阿漕が浦の猿源氏が、鰯《いわし》かふゑい」といひて商ひければ」とあって、塩や魚など伊勢湾の海産物が安濃津や近くの阿漕浦《あこぎうら》から京に調達されていたことがわかる。

安濃津と同じく伊勢湾岸にあって、伊勢神宮の外港として発展したのが大湊である。東国と伊勢神宮を結ぶ湊町であり、明徳《めいとく》三(一三九二)年に武蔵《むさし》の品川湊に入港した船の帳簿(『金沢《かねさわ》文庫古文書』)には、三十艘の船の船名・船主や荷を扱った問《とい》の名が記されており、そのうちの「湊船」は大湊と品川を往来する船と考えられている。

大湊は南北朝時代に吉野に内裏《だいり》を置いた南朝と、東国の勢力との接点になっていて、南朝方の勢力は大湊から東国に向かうことが多く、延元《えんげん》三(一三三八)年、北畠顕信《きたばたけあきのぶ》は鎮守府《ちんじゅふ》将軍に任じられると、九月に大湊から義良《のりよし》親王・北畠親房《ちかふさ》・結城《ゆうき》宗広《むねひろ》らとともに出航している(『神皇《じんのう》正統記《しょうとうき》』)。

この頃から安濃津の様相が紀行文によく書かれるようになる。室町将軍が伊勢神宮を重視したことから、神宮参詣が飛躍的に増加し、その途次の安濃津の記事が頻出するようになったからである。医師の坂士仏《さかしぶつ》の『太神宮参詣記』康永《こうえい》元(一三四二)年十月十日条の記事や、応永二十五(一四一八)年の貴族の花山院長親《かざんいんながちか》の紀行文『耕雲《こううん》紀行』などがあるが、後者は安濃津を次のように描写している。

その夜は、あの、津につきぬ。念仏の道場にやどる。ここはこの国のうちの一都会にて、封疆《ほうきょう》(境)もひろく、家の数も多くて、いと見所あり。

長親が安濃津に着いて念仏の道場に一泊したところ、都会というにふさわしい賑やかさと広さだったという。さらに応永三十一(一四二四)年十二月の『室町殿伊勢参宮記』には、安濃津の宿坊に入った記主が外に出て、多くの船が繋留している様を「磯つづきに舟どもあまたつなぎたる」と記している。こうして伊勢湾岸の湊町は有徳人《うとくにん》(裕福な長者)の成長とともに順調な発展をみせていた。

二度目の津波

明応《めいおう》七(一四九八)年八月二十五日、繁栄を誇った伊勢湾岸を襲ったのが静岡県御前崎《おまえざき》沖で発生した大地震による大津波で、太平洋岸の紀伊から房総にかけての海岸を襲った。『後法興院記《ごほうこういんき》』同年九月二十五日条は、伝聞として「伊勢、参河、駿河、伊豆《いず》に大波打ち寄せ、海辺二、三十町の民屋悉《ことごと》く溺水《できすい》し、数千人が没命す。その外、牛馬の類はその数知れず、前代未聞なり」と記している。地震の規模はマグニチュード八・二ほどと推定されている。

この津波により安濃津のみならず桑名《くわな》や大湊なども甚大な被害を受けたが、被災の様子が記録された港津は大湊だけであり、家屋の流出が千戸、溺死者が五千人に及び、塩屋《しおや》村や志摩の荒島《あらしま》は壊滅的な被害があったという。

宗長が安濃津にやって来たのは、その二十四年後の大永二(一五二二)年のことであった。『宗長日記』は次のように記している。

この津、十余年以来荒野となりて、四、五千軒の家・堂塔あとのみ。浅茅《あさじ》・よもぎが杣《そま》、まことに鶏犬はみえず、鳴く鴉《からす》だに稀なり。折節雨風だにおそろし。送りの人は皆かへり、むかへの人はきたりあはずして、途をうしなひ、方をたがへ、たたずみ侍る。

四、五千軒の家や堂塔があったが、今や跡のみが残り、浅茅や蓬の生えるままになっていた、という。宗長はその荒廃した町跡に立って途方に暮れていると、この様子を聞きつけた友人がやって来て、少し先の窪田まで無事に送ってもらい亀山に辿り着いたのであった。

やがて亀山での用事が済んでの帰り道、再び安濃津を訪ねた時、安濃津の人々が身を寄せている里に立ち寄ると、懇望されて連歌を行い、その時に詠んだ発句「かへる世を松やしらなみあきのうみ」は「もとの津還住《げんじゅう》」を望む句であった。

宗長が大湊や桑名などに立ち寄った時には、被害が記されていないので、これらの地はもう復興していたのであり、安濃津は湊の条件が津波を受けやすく復興が困難だったと考えられる。しかし安濃津の人々はひるまなかった。三年後の正月に駿河の駿府《すんぷ》にいた宗長は、津の人々の所望により「あまをぶねはるやあこぎの浦の松」という句を詠み送っている。新年の連歌のために駿河にいる宗長に発句を依頼するほどに、安濃津は復活を遂げたのである。

老若の組織

安濃津の人々が連歌を行っていたのは、「一揆の連歌」と称されるように集団の結束のために連歌が詠まれていたからであって、宗長は遥か遠く薩摩《さつま》の坊津の商人の求めにも応じて京で連歌を興行している。安濃津の復興を支えたのが、安濃津の人々の力と熱意であったことがわかるであろう。

大湊には老若による「公界《くがい》」という自治組織が生まれていたことが知られているので、安濃津にも安濃津衆の老若の自治組織があり、それが復興を担ったと考えられる。安濃津の北に位置する桑名も湊町として繁栄していて、宗長が大永六(一五二六)年に駿河から東海道を尾張に出て桑名を訪れた時には、連歌師宗碩《そうせき》の門人の等運《とううん》の所望で句を詠むとともに、桑名が「この津、南北、美濃《みの》・尾張の河ひとつに落《おち》て、みなとのひろさ五、六町、寺々家々数千間」と賑わっていたと記している。

宗長は近江に抜ける八風《はっぷう》街道を経て京に向かい、その翌年の駿河への旅でも桑名で等運の迎えを受け、連歌の興行をしたが、津島に向かう船の中で「桑名衆の老若」と盃を交わし別れを告げている。ここ桑名にも老若の自治組織のあったことがわかる。

桑名は、南都一乗院領の益田荘《ますだ》内にあったが、応仁《おうにん》の乱を経て禁裏料所《きんりりょうしょ》(天皇家領)となり、伊勢湾北部の湊町として発展して、八風街道で結ぶ琵琶湖東岸の近江の商人が「此の津は、諸国商人罷《まか》り越し、何の商売をも仕る事候。殊に昔より十楽《じゅうらく》の津に候へば」と語っているように、「十楽の津」と称された(『今堀日吉神社文書』)。

桑名の老若は永正《えいしょう》八(一五一一)年に国人の長野氏の干渉に抵抗して、「上儀《じょうぎ》さへ承引《しょういん》致さず」と逃散《ちょうさん》をはかり、やがて還津を成し遂げた実績があって、諸方から人々を呼びこみ、自由な取引を行う「十楽の津」となっていたのである。

しかしその湊町の老若の組織に大きく立ちはだかったのが戦国大名である。戦国時代になると、伊勢国は戦乱の巷となった。伊勢の東南の多気《たき》に根拠地を置く大名の北畠氏、伊勢国の各地に成長してきた国衆、尾張で急成長してきた織田氏、さらに近江の六角氏などがこぞって進出してきたからである。

天正二(一五七四)年に織田信長に抵抗していた長島一向《いっこう》一揆に対し、志摩の九鬼《くき》水軍が安濃津や桑名など伊勢湾岸の浦々から船を徴発して、信長軍に加わるなどしており(『信長公記《しんちょうこうき》』)、伊勢湾岸の湊町は戦乱で大きな被害を受けるようになり、信長の支配下に置かれていった。

戦災を契機にして

相次ぐ戦国の争乱をくぐりぬけ、商人たちは戦国大名と結んで台頭するようになった。それは湊町の後背地を根拠地にした商人であり、その一つが松阪《まつさか》（松坂）市の射和《いざわ》に成長してきた射和商人である。

彼らは隣接する丹生《にゅう》産の丹砂《たんさ》（水銀鉱石）を加工して作る軽粉《けいふん》（伊勢白粉《おしろい》）や伊勢綿布の商いによって成長してきたもので、なかでも富山家は相模《さがみ》の小田原で呉服店大黒屋を開き、やがて江戸日本橋に進出し、十八軒の店をもって両替・質、呉服・油・米穀商を営むようになった。家城《いえき》や大國屋国分《だいこくやこくぶ》などの豪商も、松坂木綿の商いで江戸に出て呉服商・両替商などを営んだ。近くの中万《ちゅうま》には紺田札《こんだふだ》で知られる紺田（近田）与四郎家、江戸店を有した堀木太郎兵衛家や竹口喜左衛門家・山上源右衛門家などの富商が出た。

津藩の田端屋は寛永《かんえい》四（一六二七）年に江戸の大伝馬《おおてんま》町に店を構えて木綿商を営み、川喜田久太夫は同十三年に大伝馬町で木綿の仲買商伊勢屋を開いた。四日市の内堀《うつぼり》では野崎家が木綿を商い、伊勢北組木綿問屋の有力な一員として江戸に大量の木綿を積み出した。

伊勢湾を場とする湊町の有徳人が切り開いてきた東国との海上ルートを利用し、江戸が巨大城下町として発展するにともなって、伊勢商人が進出していったのである。その伊勢商人の中核が松坂商人であって、ここは豊臣秀吉から領地をあたえられた近江出身の蒲生《がもう》氏郷《うじさと》が城下町建設を進めてきた。当初の拠点の松ヶ島は参宮街道が通り、北に松ヶ崎の湊町が存在する交通の要衝だったが、氏郷は天正十六(一五八八)年に居城を松坂に移転し、参宮街道が城下を通るよう経路を変更し、武家地の殿町《とのまち》、日野の商人を据えた日野町、大湊商人を据えた湊町など町人地を形成していった。

江戸時代に入って松坂が紀州《きしゅう》藩の支配地になったこともあって、松坂商人は江戸に大挙進出した。早くは三井《みつい》俊次《としつぐ》が、続く延宝《えんぽう》年間頃までには長谷川・小津・中川・小野田などの諸家がそれぞれ江戸店を出し、後に三井財閥として発展したのが三井家である。

津・松阪を歩く

私が津を訪れた時にはまず津観音を訪ねた。これは町の人々の信仰の対象としてきた恵日山観音寺であって、安濃津の阿漕浦の漁師の網にかかったという観音がここに安置されたものといわれ、その信仰の在り方は武蔵浅草の観音と同じような来歴をもつ。

もとは阿漕浦にあって御厨観音と称されていたのだが、鈴鹿《すずか》にあった国府の阿弥陀仏をこの寺に移してから大いに賑わうようになったという。しかし慶長五(一六〇〇)年には兵火にかかり、昭和二〇(一九四五)年七月には空襲にあったため、津観音は焼かれてしまい、今は新しい建物になっていた。この空襲では多くの津の文化財が焼けており、その焼失文化財の写真を見るにつけ、残念に思えてならない。

そこで往時の面影をたどってゆくなか、最後にたどりついたのが阿漕浦の、枝垂《しだ》れ梅で著名な結城神社である。ここに祭られている結城宗広は、大湊から東国に向けて船出した南朝の勇士であったが、同じ時に常陸に渡った北畠親房に対し、宗広のみが安濃津に漂着してここで亡くなったという。

続いて松阪へと足を延ばした。松坂商人の館を訪ねた後、三井家発祥の地や、旧長谷川家を経て殿町の御城番《ごじょうばん》屋敷に向かって、さらに本居宣長《もとおりのりなが》記念館を見学し、櫛田川に沿ってある射和・中万の商家町を歩いたのである。

＊

外に向かって活躍したのは、商人だけではなかった。須川村(松阪市小野江町)の郷士・松浦桂介の四男に生まれた松浦武四郎《たけしろう》は、弘化《こうか》元(一八四四)年に蝦夷地《えぞち》探検に赴いて、その探査は択捉島《えとろふ》や樺太《からふと》にまで及んだ。安政《あんせい》二（一八五五）年には蝦夷御用御雇に抜擢されて蝦夷地を踏査するなか、『東西蝦夷山川地理取調図』を著している。

伊勢湾地域では開発が早くから進んでいた分、災害にも多く襲われてきたのだが、その災害を乗り越えてゆく力が常に生まれ克服してきた。この復興する力が伊勢湾岸にはあったわけで、これがこの地の人々をさらなる冒険や飛躍に駆り立てたのである。

3 菅江真澄

津軽の開発史を伝える

◆青森県津軽地方

江戸時代も後期になると、東北地方から蝦夷地へと関心が高まるなか、北方へと多くの人々が向かった。吉田松陰《よしだしょういん》はその一人だが、三河国に生まれた菅江真澄《すがえますみ》は、本草《ほんぞう》・和漢《わかん》の薬医学を習得すると、北をめざして東北地方を歩き、蝦夷地にも渡った。

その紀行文は各地の景観、伝承、民俗、歴史などを詳しく記しているばかりか、写生図を添えているので、それを見てゆくと地域の姿がくっきりと浮かんでくる。真澄は天明《てんめい》五(一七八五)年八月、天明の飢饉後の津軽《つがる》に初めて入っており、以後、何度か津軽を旅しているが、寛《かん》政《せい》七(一七九五)年の津軽周遊には見るべきものが多い。

そこで私はその紀行文を頼りに津軽の地を訪れた。中世に北畠氏が築いた城跡のある浪岡《なみおか》

（青森市浪岡）や、近世城下町の弘前《ひろさき》の仲町の武家屋敷、長勝寺など寺院群の禅林街《ぜんりんがい》、太宰治《だざいおさむ》が育った金木《かなぎ》（五所川原《ごしょがわら》市金木）、中世に湊として栄えた十三湊《とさみなと》（五所川原市十三）などを訪ねたが、その時に強く印象に残ったのは、想像していた以上に豊かな風土だった点である。

日本海から吹きまくる寒風にさらされた荒涼たる冬の風景を思い描いていたが、時期が気候に恵まれていたこともあって、文化と自然とがマッチした風景が各地に見受けられた。この時、はたと気づいたのが開発史という視点である。厳しい気候風土のなかにあって弛《たゆ》むことなく続けられてきた開発の歴史が、そこから透けて見えてきた。

三内丸山遺跡と亀ヶ岡遺跡

寛政八（一七九六）年四月十四日、菅江真澄は青森市郊外の三内《さんない》の桜を見ようと赴いた。村の堰《せき》の壊れたところから掘り出されていた縄文土器や人の頭の形の土器、仮面の形をしたものを見て、『日本書紀』の垂仁《すいにん》天皇の時代の記事を連想している（『すみかの山』）。

これが三内丸山《さんないまるやま》遺跡の最初の紹介記事となった。この遺跡は八甲田山《はっこうださん》から続く緩やかな丘陵の先端部、沖館《おきだて》川右岸の河岸段丘上に立地し、標高が約二十メートル、全体の面積が約三十八ヘクタールという広大な範囲にわたる。本格的調査は平成四（一九九二）年から行われ、大規模

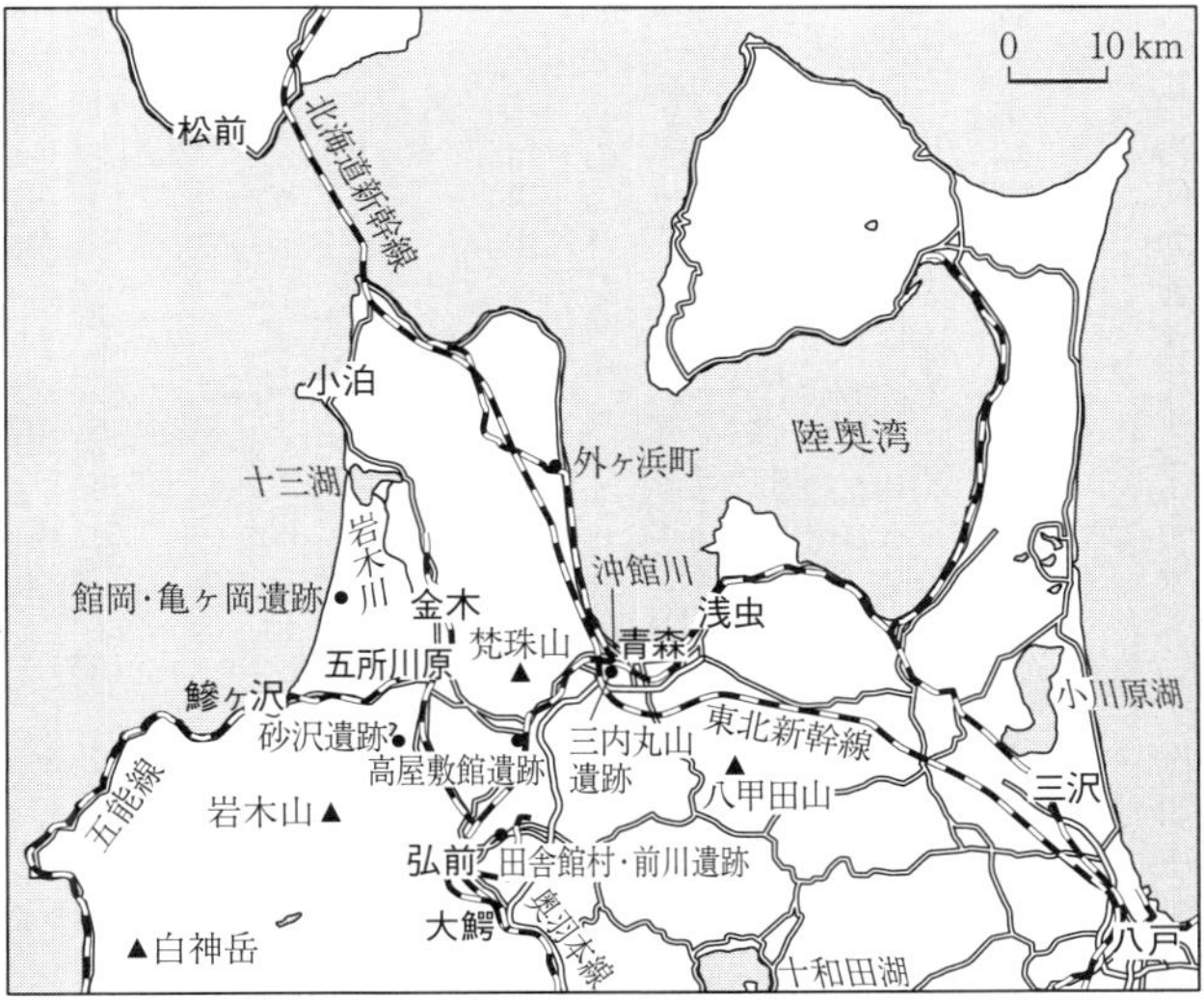

津軽・陸奥地方

集落跡が発掘され、二年後には大型建物を構成すると考えられる直径約一メートルもの栗材の柱が六本も見つかった。

このような大規模集落が縄文時代前期中頃から中期末葉(約五千五百年〜四千年前)にかけ長期にわたって続いていたとは、まことに驚異的である。なかでも中期には、住居・大型掘立柱建物・掘立柱建物などの建物跡のほか、道路も計画的に配置されていたらしいことが明らかになった。遺跡から出土した栗が、DNA鑑定によって栽培されていたものとわかり、ヒョウタンやゴボウ・マメなどの栽培植物が出土した。

縄文海進《かいしん》と称される気候の温暖化によ

り、海は遺跡のすぐ近くにまで及んでいるなど、豊かな森が形成された時期ではあったが、これほどに長く集落が続いたのは常に新たな技術を巧みに取り入れ、持続的な集落を形成してきたからであろう。

私がその遺跡を訪れた時には、住居・倉庫群のほか掘立柱建物が再現されており、そのままの姿として受け取れば、この地がかつて日本列島社会の開発の先進地帯であったことを物語っている。

真澄はこの三内から弘前に赴いてしばらく滞在した後、次に北に向かって津軽半島一帯を歩いている(『外浜奇勝《そとがはまきしょう》』)。十三湖《じゅうさんこ》を経て小泊《こどまり》(中津軽郡中泊町)にまで行き、そこからは日本海に沿って西浜を南下して、館岡《たておか》に着くと、ここで次のことを聞いた。この地からは昔の土器の形をした器が多く掘り出されており、「瓶が岡」の名があるという。

これが縄文時代晩期の亀ヶ岡《かめがおか》遺跡(つがる市木造《きづくり》館岡)であって、ここからは著名な遮光器土偶《しゃこうきどぐう》をはじめ、漆器や土器、石器などが出土した。三内丸山遺跡の円筒式土器に対し、この亀ヶ岡式土器は繊細で優美、同形式のものが北海道から中部・近畿の広い地区にわたって分布している。

この時代の大きな変化を象徴的に物語るもので、さらに土器からは籾《もみ》や炭化米も検出された。

津軽は三内丸山・亀ヶ岡の二つの遺跡から見て、縄文時代には列島開発の最先端の地であったことがわかる。

新田の開発

真澄が亀ヶ岡の地をめざしたのは理由があった。近世の津軽藩がここに城を築こうとしていて断念したことを聞いていたからである。元和《げんな》八(一六二二)年、津軽二代藩主の津軽信枚《のぶひら》は十三を巡検した後、弘前に次ぐ第二の城下町をこの地に築こうとしたところ、大量の土器が出土したという。縄文時代の津軽の拠点が近世社会でも拠点とされかけたのだが、一国一城という幕府の方針に沿って築城は取りやめになった。

弘前藩はこの地域をはじめとして近世初期から領内で広く新田《しんでん》の開発を進めていて、真澄はその新田開発に関わる伝承を館岡に来る前の車力《しゃりき》村(つがる市車力町)で田の草取りの女性から聞いている。

二百年ほど前のこと、弘前から来た坂本八郎兵衛が、車力にある古寺・古城の辺りに田を作って住居を建てるのがよかろう、と言い出した。だがその用水はどうするのか、と村人から尋ねられると、八郎兵衛は袴潟《はかまがた》から逆に落とすのがよい、と答えたので、聞いた者たちに嘲笑されたが、それをものともせず実行したところ、逆さ堰《せき》として水が流れ、田を耕せるようになり、今に栄えるに至った、という。

津軽藩による新田開発は、当初は藩の直営地の農民と禄高の小さな家臣に開田許可をあたえることで進められた。これにより正保《しょうほう》二(一六四五)年の段階で五万七千石余りが開かれ、石高の四万七千石をも超えていたが、それに限界が見えてきたので、藩の直営によって岩木川《いわき》下流域の湿地などを開くようになった。

「七里長浜《しちりながはま》」と称される西浜の砂丘からの飛砂を防ぐために防風林を設け、十三湊の溝口の付けかえなどの水利事業を行った。この結果、広須新田や木造新田、金木新田などが開かれたのだが、かの伝承はこの時のものであろう。

こうして十七世紀の後半には、新田高が十九万七千余石となり、本高の四倍強にも及んだ。東に隣接する南部藩が本高十万石に新田高が十四万石と一・四倍になっているのと比較してもその多さが知られる。この時期には全国で新田開発が積極的に進められていたのだが、弘前藩では特に強力に進められたことがわかる。

収穫された米は岩木川舟運で十三湊まで運ばれ、そこを経由して鰺ケ沢《あじがさわ》湊(西津軽郡鰺ヶ沢町)に送られ、千石船に積み替えられ上方《かみがた》に回漕されていった(十三小廻し)。幕末の嘉永《かえい》五(一八五二)年に津軽を訪れた吉田松陰は、南から入って「碇関《いかりがせき》以北は愈々《いよいよ》進みて愈々潤《ひら》け、弘前に至れば四望《しぼう》蒼々漫々、皆肥沃の田なり」と、豊かに開かれた田地の様を記している(『東北遊日記』)。

近代に入ると、開発された多くの土地が地主に集積されてゆき、その結果、太宰治の生家である金木の津島家をはじめとする大地主が出現することとなった。

開発力は縄文時代から

津軽の開発力が縄文時代からのものであったことは、津軽では稲作が早くから始まっていたことによっても知られる。稲作は縄文晩期・弥生時代から西日本を中心に始まり、東北北部への普及はずっと遅いと見られていたのだが、津軽では違っていた。

田舎館《いなかだて》村の圃場《ほじょう》整備事業にともなう発掘により、垂柳《たれやなぎ》地区一帯から弥生式土器とともに炭化米が出土し、弥生時代の水田跡も発見され、続いて弘前市の砂沢遺跡や田舎館村の前川遺跡などの発掘調査によっても、弥生時代前期にはすでに稲作が始まることが明らかとなった。

北緯四十度を越える津軽の地に、こうした水田が早くに作られたのは驚嘆すべきであるが、これは縄文時代からの開発の歴史を引き継いだものであろう。だが、その後の開発は容易ではなかった。気候変動にともなって水田耕作が衰退し、古墳時代には遺跡が乏しくなり、西日本を中心とする国家形成の運動から東北地方は大きく取り残され、辺境の地へと追いやられた。

そうしたなかにあっても津軽は周辺地域より早く文献に登場する。斉明《さいめい》天皇紀元(六五五)年に「津刈の蝦夷六人に、冠各二階を授く」とあり(『日本書紀』)、東北地方から北海道にかけてエミシ集団が勢力を広げ、津軽エミシが中央の政権とのつながりをもつようになっていた。その三年後、東北地方に派遣された阿倍比羅夫《あべのひらふ》は津軽エミシの協力を得て、三度の「北征」を実施してエミシの服属をはかった。菅江真澄は津軽の各地を歩くなか、しばしばこの比羅夫の伝承に触れている。

律令国家の形成とともに、朝廷が養老《ようろう》四(七二〇)年に「渡島《わたりのしま》・津軽の津司《つのつかさ》」の諸君鞍男《もろきみのくらお》らを中国東北部の靺鞨《まっかつ》国に派遣し、その風俗を観察させているなど(『続日本紀』)、津軽は律令国家にとって重要な地として位置づけられていたことがわかる。その後も津軽エミシは律令国家への協力と離反とをくりかえしながらも、独自の地位を保っていた。

津軽で再び新田開発が進められるのは十世紀であって、田舎館村の前川遺跡からは十世紀前半までのものと思われる二面の古代の水田面が出土し、十世紀後半にはかつての弥生時代の水田面の上に住居が建てられたことがわかる。この頃から津軽の各地には濠《ほり》に囲まれた集落が形成されている。その典型が浪岡の高屋敷館《たかやしきだて》遺跡で、幅四〜七メートル、深さ三〜五メートルの環濠《かんごう》と、その外側には高さ一メートルの土塁が築かれていることから、「防御性集落」と称されているが、これは開発の拠点として築かれたものと考えるべきであろう。

中世になると、津軽に津軽平賀《ひらか》郡・津軽鼻和《はなわ》郡・津軽田舎《いなか》郡・津軽山辺《やまのべ》郡の津軽四郡が設置され、中央政府の支配が及んでゆくが、これも新田開発が進められた結果であって、政府は田地を基礎にして税を徴収したのである。

海の開発

津軽半島の東側の陸奥《むつ》湾に沿う外ヶ浜については、郡制がしかれずに国家の境界として位置づけられるようになった。十二世紀に奥州を支配し、平泉を本拠とした奥州藤原氏の初代藤原清衡《きよひら》は、南の白河《しらかわ》関からこの外ヶ浜までを領域となし、その間を結ぶ奥大道《おくだいどう》には一町ごとに笠卒塔婆《そとば》を立てたという(『吾妻鏡《あずまかがみ》』)。

その平泉の藤原氏が鎌倉幕府に滅ぼされると、陸奥・出羽《でわ》両国はあたかも幕府の植民地のごとくに有力御家人の所領とされたが、なかでも幕府の実権を握った北条氏が、奥州にひたひたと勢力を広げてゆき、津軽でその北条氏の代官となって力をつけてきたのが安藤氏であり、その拠点となったのが十三湊である。

この湊の発掘により、安藤氏が岩木川河口部の砂州に館《たち》を築き、その周囲に家人《けにん》の屋敷を置き、短冊形の町並みを形成していたことが明らかとなっている。日本海沿岸に多い潟湖《せきこ》の一つである十三湖に沿って湊町も形成し、それが安藤氏の経済活動を支えていたのである。

こうして海の世界を開発した安藤氏は、幕府の「蝦夷沙汰(蝦夷支配)」を現地で担う代官となり、西浜や外ヶ浜、宇曽利《うそり》郷(下北半島)などにも所領を広げた。嘉元《かげん》四(一三〇六)年、越前の三国《みくに》湊に停泊していた「関東御免《ごめん》津軽船二十艘」のうちの一艘が、住人に鮭や小袖を押し取られた事件が起きたが(『大乗院文書』)、この船は幕府から津料(港湾料)免除の特権を認められて日本海を運航し、十三湊で東北地方北部や蝦夷地からの交易品を積み、日本海沿岸の湊町を経て京に物資をもたらしていたのであろう。津軽の安藤氏が経営していたものと見られる。

室町時代になると、十三湊はさらに発展し、応永三十(一四二三)年には、安藤陸奥守が室町将軍に馬二十頭、鷲羽五十羽分、銭二万四、海虎《しゃち》の皮三十枚、昆布五百杷を進上しているが、これらも北方との交易によって得た富にほかならない。しかし十三湊に本拠を置く安藤氏本流が、南部氏との抗争で享徳《きょうとく》二(一四五三)年に滅んでから十三湊の衰退は始まり、日本海からの飛砂によって湊は埋もれてしまった。

真澄は、遠い昔にはこの十三のあたりには家が多くて栄えていたのであろう、と語って十三湊の繁栄を記した往来物の『十三往来』を引きながら、その地に立って昔を偲んでいる。

開発と森林造成

戦国時代になると、南部氏と安藤氏末流との度重なる抗争の末に、南部氏一族の大浦(津軽)為信《ためのぶ》が、主家の南部家に反旗を翻して自立し、近世大名津軽氏の地位を得ると、歴史的に蓄積してきた津軽の開発力に依拠し、新田開発に励んで繁栄の礎を築いていった。

津軽藩領で生産された米は、日本海の西廻り海運によって京・大坂にもたらされたが、蝦夷地にも供給され、その交易の関係から陸奥湾の青森が湊として整備されていった。だが、忘れてならないのが天明の大飢饉である。

弘前藩での死者は実に八万人にも及んだ。もちろん気象の大きな異変の影響によるものとはいえ、最大の原因は藩が大坂への廻米《かいまい》を優先し、豊作後の飢饉への備えを欠いたことにあり、飢饉に続く疫病によって大打撃を蒙ったのである。開発が人災によって災難を倍加させたことがよくわかる。

真澄はこの飢饉でほぼ全滅した村や、村人たちの知恵によって一人の死者も出さなかった村を訪れている。なかでも白沢村《しらさわ》（中津軽郡西目屋村）は天明三（一七八三）年からの飢饉で壊滅状態となり、訪れた時の家数は四、五軒に過ぎなかったという（『ゆきのもろたき』）。

津軽に生まれ育った太宰治は、小説『津軽』のなかで「金木、五所川原、青森、弘前、浅虫《あさむし》、大鰐《おおわに》」などの町々での年少時の思い出を綴っているが、この六か所の地の多くは、津軽の開発の拠点として成長していった町にほかならない。太宰はさらに津軽半島を廻ってゆくなか、「津軽凶作の年表」を見て、五年に一度は凶作が起きているのを知り、「わけのわからぬ憤怒さえ」感じたという。

その太宰が旅するなかで珍しく褒《ほ》めたのが森林である。津軽半島を南北に走る梵珠《ぼんじゅ》山地の森林について、全国有数のヒバの産地であり、古い伝統は誇ってよい、津軽の産物はこのヒバである、と記し、『日本地理風俗大系』に載る、森林の記事の「天和《てんな》、貞享《じょうきょう》の頃、津軽半島地方において、日本海岸の砂丘数里の間に植林を行い、もって潮風を防ぎ、またもって岩木川下流地方の荒蕪《こうぶ》開拓に資した」という部分を引用し、津軽藩内各地で造林がなされたことの意義を高く評価している。太宰も津軽に開発の力を認めていたのである。

津軽の開発は樹木と深い関わりがあった。三内丸山遺跡の栗材に始まり、近世の新田開発の防砂林やヒバの植林、近代の林檎《りんご》、さらに南には世界自然遺産に登録された白神山地の森林など、森林は開発と関わって津軽の特筆すべき資源であった。

＊

弘前城の桜を見るべく訪れた五月初旬、その年は桜が既に散り急いでおり、近くではもう林檎の花が開いていた。この林檎は明治期に士族の授産として植えられるようになり、明治十(一八七七)年には士族の屋敷に植えた林檎の試植苗に結実し、この時から今日の果樹王国が生まれる基礎がつくられたという。

その日の夜、香り高いヒバ材の風呂に入って、津軽の開発の力を思いつつ、今後の津軽の行く末を考えた。急速に進む地球温暖化に津軽の人々はどう対処してゆくのか、期待したいし、よいモデルとなるであろう。

④ 若山牧水

故郷日向を離れて思う

◆宮崎県東部

太宰治は『津軽』で故郷の町について「私の過去に於いて最も私と親しく、私の性格を創成し、私の宿命を規定した町であるから、かへつて私はこれらの町に就いて盲目なところがあるかも知れない」と語り、津軽の悪口を言いつつも、「なんと言つても、私は津軽を愛してゐるのだから」と記している。室生犀星《むろうさいせい》は、「ふるさとは遠きにありて思ふもの　そして悲しくうたふもの」という歌を詠みつつも、金沢の犀《さい》川の写真を部屋に貼っていたという。近代の文学者は故郷を捨てて離れても故郷を愛していた。酒を、旅を、自然を愛した歌人として知られる歌人の若山牧水《わかやまぼくすい》も、各地を旅しつつ故郷を常に思っていた。

親も見じ姉もいとはしふるさとに　ただ檳榔樹《びろうじゅ》を見にかへりたや　（『路上』）
ふるさとの　尾鈴《おすず》の山の　かなしさよ　秋もかすみの　たなびきて居り　（『みなかみ』）

ここで詠まれている尾鈴山の麓で牧水は明治十八（一八八五）年に医師・若山立蔵《りゅうぞう》の長男として生まれた。「この郷里は山と山との峡間五、六里の間に渉って戸数僅かに三百に満たぬ村である」（『死か芸術か』）と語る宮崎県東臼杵《うすき》郡東郷町大字坪谷《つぼや》（日向《ひゅうが》市）が、その故郷であり、同三十七年に延岡《のべおか》中学を卒業、東京に出て早稲田大学に入って尾上柴舟《おのえさいしゅう》に師事し詩作に耽《ふけ》った。

四十年に帰省の途次で詠んだ歌が「幾山河越えさり行かば寂しさの　終《は》てなむ国ぞ今日も旅ゆく」（『海の声』）であって、旅に暮れる生活を繰り返すなか、大正九（一九二〇）年に沼津に移住したが、その四年後には子の旅人《たびと》を連れ、大阪・山口・長崎・熊本など各地を歩き、故郷の坪谷に帰っては再び旅を続けた。

『万葉集』の歌人大伴旅人《おおとものたびと》に因む子の旅人の名には、牧水の思いがつまっている。「私は思ってゐる。人生は旅である」（『独り歌へる』）。旅をしつつもこれほどに愛した故郷とはどんな土地であったのか、そう考え、私は日向市を訪れた時に生家に足をのばした。ほど近い若山牧水記念文学館を見学して、昼食に蕎麦を食べると、それは名物「天領蕎麦」といわれ、この地は江戸時代には天領だったという。どうして天領になったのか、その経緯を調べてゆくうちに興味深い人物が次々と登場してきた。

山陰・坪谷村一揆

元禄三(一六九〇)年九月十九日、日向国延岡藩の山陰《やまげ》・坪谷両村(日向市東郷町)の百姓たちは牛馬家財に鉄砲を携え、隣接する高鍋《たかなべ》藩内に逃散《ちょうさん》した。加わったのは山陰村で三百二十七戸のうち二百九十七戸、坪谷村で七十戸のうち六十戸にのぼり、これが世にいう山陰一揆である。

当時の延岡藩では自然災害が勃発していた。延宝二(一六七四)年に飢饉、同七年に旱魃《かんばつ》、翌八年に長雨、天和二(一六八二)年に大飢饉、そして元禄二年には大雨と洪水が襲った。農作物の不作にもかかわらず、厳しい年貢の取り立てと新地改めにより逃散騒動が各地で起きた。

貞享二(一六八五)年に渡川《どがわ》村百姓二十八人が高鍋藩領に逃れて連れ戻され、八月十二日には平岩村の百姓男女十五人が馬と鉄砲を携えて佐土原《さどわら》藩領に逃散した。だが逃散しても弾圧されずに百姓が連れ戻されただけなのは、この時期に一揆への対応が変化していたからである。

幕府の寛永二十(一六四三)年令は「地頭代官仕置《しおき》悪しく候て、百姓堪忍《かんにん》成しがたきと存《ぞん》候はば、年貢皆済致し候その上は、近郷成りとも居住仕るべし」と、年貢皆済を条件に近郷に移る

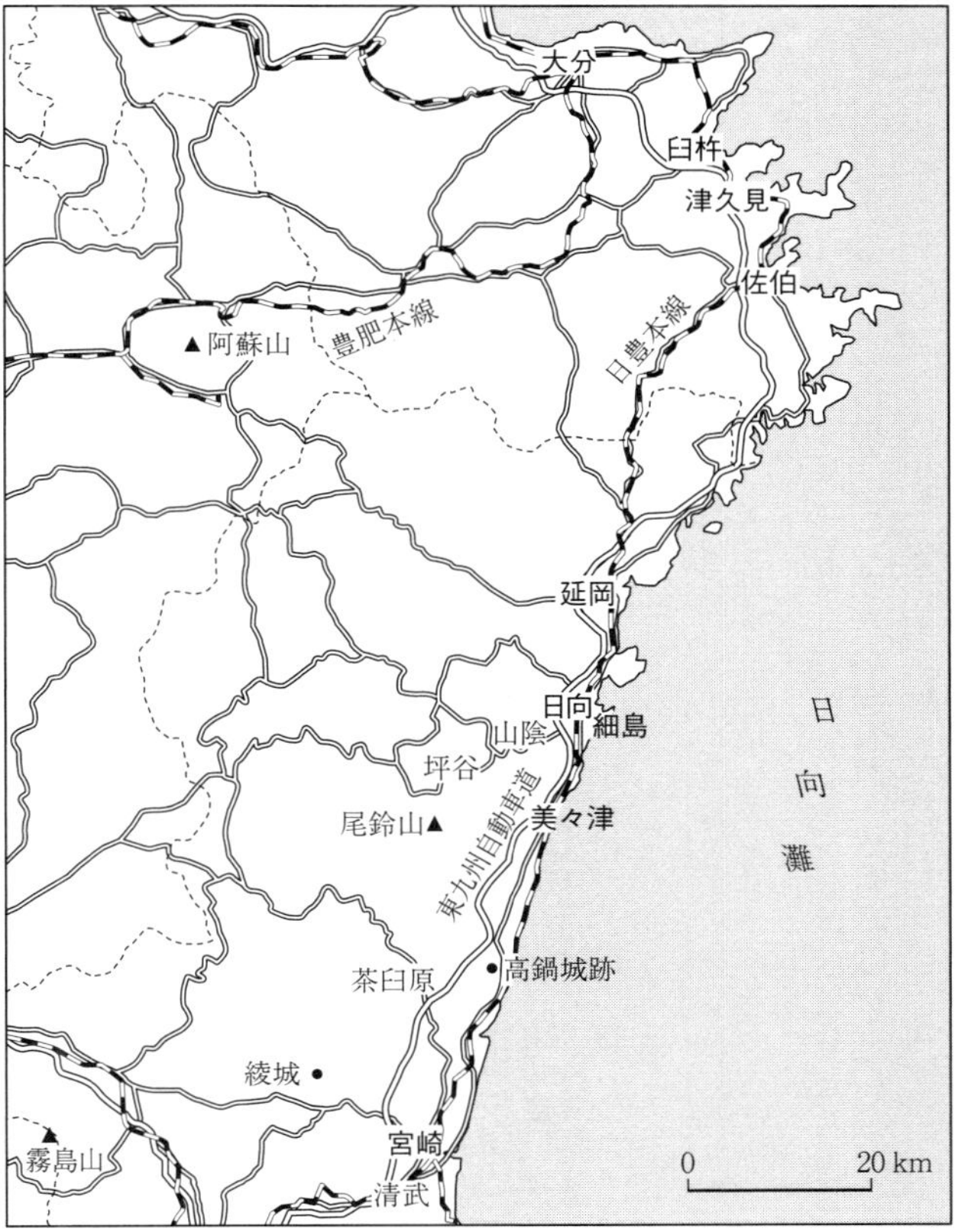
大分
臼杵
津久見
佐伯
阿蘇山
豊肥本線
日豊本線
延岡
日向
細島
山陰
坪谷
東九州自動車道
美々津
尾鈴山
日
向
灘
高鍋城跡
茶臼原
綾城
宮崎
清武
霧島山
0
20 km

日向地方

ことを認めている。延岡藩も延宝三(一六七五)年の「諸法度《しょはっと》之覚《のおぼえ》」で、田畑に損耗があった時は、損失の所を入念に見届けて郡代所に届けるよう定めるとともに、「御百姓」のあるべき姿や、農村を維持させる農政に触れるなど、撫民《ぶみん》・徳治政治が基本となっていた。

こうしたなか山陰一揆は郡代の圧政に不満を抱いて逃散へと及んだのである。藩は領内の騒《そう》擾《じょう》を理由とする大名改易のケースがあったことから、「領内が治まっていない」ことが公然となるのを恐れ、逃散が起きると、高鍋藩に百姓帰参の取り計らいを要請した。

しかし百姓らは藩の悪政を数え上げて農政転換を促した。藩はその要求を基本的に認めてゆき、藩内に戻るよう説得したのだが、百姓らはそれを聞き入れず新たな問題を提示して譲歩を迫った。やむなくその要求も受け入れて、十月に高鍋藩からの百姓引渡し合意にこぎつけたところ、高鍋藩からの報告を受けた幕府老中が、高千穂《たかちほ》村など他の村の動きも見えてきたことで放っておけなくなった。

天領坪谷村

翌元禄四年に百姓・藩双方の江戸召喚が命じられ、六月に裁決が出されて百姓には帰村が命じられ、首謀者の二名は磔《はりつけ》、五名は斬首、七名は八丈島流罪となった。七月四日、延岡藩と高鍋藩が百姓を招いて延岡藩内に戻るよう説得し、百姓たちは十四日に戻った。藩に対しては郡代追放となり、さらに藩主の有馬清純《ありまきよすみ》は十一月八日に騒動の責任をとらされ越後《えちご》糸魚川《いといがわ》藩への転封となり、山陰村と坪谷村は没収されて幕府直轄領（天領）となった。

その天領となった坪谷村に、牧水祖父の若山健海《けんかい》が武蔵の川越から天保《てんぽう》七（一八三六）年に移ってきた。健海は武蔵所沢の農家に生まれ、江戸両国の薬屋に奉公するうちに医者を志して博多で蘭学を修めたことがあって、天領という縁をたどって身を寄せるようになり、医者を開業するに至ったのであろう。九州の坪谷に移り住んでから、子の立蔵ら九名に種痘を実施するなど先進的医療にも心掛けた。その立蔵の子の繁《しげる》が牧水であって、この祖父の血が牧水を旅へと誘い、各地を旅する生涯を送らせたのであろうか。

そうした目で日向出身の人物を見てゆくと、日向を飛び出して活躍した人々が多いのに気づかされる。彼らを動かしたものは何かと考えてみた。たとえば天正遣欧少年使節の正使としてローマに派遣された伊東《いとう》マンショの場合はどうか。

伊東マンショの生き方

伊東氏は伊豆の伊東（静岡県伊東市）を本貫《ほんがん》とし、日向の県荘《あがたのしょう》・富田《とんだ》荘などの地頭となって鎌倉時代に移った西遷御家人《せいせんごけにん》である。戦国時代の伊東義祐《よしすけ》の代になって大名権力を確立させたもので、マンショはその孫として都於郡《とのこおり》(西都市《さいとし》)に生まれた。

しかし伊東氏が島津氏の攻撃を受け、伊東氏の居城の一つである綾城《あやじょう》が落城した際に家臣に伴われ豊後《ぶんご》に落ち延びた。その豊後で暮らしていた時にキリスト教に出会い、天正八(一五八〇)年に臼杵で洗礼を受け、その縁から司祭を志すようになり肥前有馬《ひぜんありま》のセミナリヨ(神学校)に入り、ここで巡察師ヴァリニャーノにより遣欧少年使節に選抜されたのである。

ヴァリニャーノはキリシタン大名の大村純忠《おおむらすみただ》と知り合うなか、日本での布教事業の立て直しや、次代を担う邦人司祭育成のため、キリシタン大名の名代の使節をローマに派遣することを計画して、容姿端麗で、長旅に耐える健康をたもち、語学や勉学にもすぐれている、セミナリヨで学ぶ四人の少年のうち伊東マンショを大友宗麟《おおともそうりん》の名代に選んだ。

マンショは一五八四年にスペイン国王、翌年にローマ教皇に謁見し、天正十八(一五九〇)年にヴァリニャーノに同行して日本に戻り、翌年に聚楽第《じゅらくだい》で豊臣秀吉に謁見して体験談を語ると、秀吉から仕えるように勧められたが、それを断って天草《あまくさ》にあった修練院に入り、コレジオ(高等神学校)に進んで勉学を続け、慶長六(一六〇一)年にはマカオのコレジオに移って司祭に叙階された。帰国してからは小倉《こくら》を拠点に活動したが、慶長十六年に領主の細川忠興《ただおき》に追放され、中津《なかつ》に移り、さらに追われて長崎に移って慶長十七(一六一二)年に病死する。マンショは自発的に日向を出たのではないが、キリスト教に入信すると、その信仰の道を邁進したのである。

石井十次の信念

牧水より少し前に日向に生まれ、日本で最初に孤児院を創設し「児童福祉の父」と称されたのが石井十次《じゅうじ》である。慶応《けいおう》元(一八六五)年に児湯《こゆ》郡上江《うわえ》村馬場《ばば》原(児湯郡高鍋町上江馬場《ばのはる》)で、高鍋藩の下級武士である石井万吉の長男として生まれ、宮崎学校、高鍋学校に学び、明治十二(一八七九)年に上京し功玉社《こうぎょくしゃ》に学ぶも脚気《かっけ》にかかって帰郷した。

岩倉具視《いわくらともみ》暗殺計画の嫌疑で鹿児島に護送され監獄生活を送るなか、ここで西郷隆盛の吉野村開墾の話を聞いて感激し、出獄後は五指《ごし》社をつくって開墾事業を起こしたが失敗。明治十五年に医学を学ぶため岡山市に移住しキリスト教に入信する。

同十九年に岡山県甲種医学校を出て、翌年に四国巡礼途中の女性の男児を引き取ったのをきっかけに孤児教育会(後の岡山孤児院)を岡山市の三友寺で創設した。明治二十五年に前年の濃尾地震に被災した孤児九十三人のため名古屋市に孤児院を開設、二十七年には郷里の茶臼原《ちゃうすばる》(児湯郡木城《きじょう》町・西都市)へ移住させるため、院児二十五人は現地で開墾を始めた。

しかし理想郷の運営は困難を極め、岡山でコレラが流行し、妻が亡くなる窮地に陥ったが、多くの援助があって立て直していった。明治三十一（一八九八）年に私立岡山孤児院尋常高等小学校を設立し、翌年、倉敷の実業家の大原孫三郎の経済的援助を受けて幼稚園を設立した。日露戦争による戦争孤児や東北地方の凶作による孤児多数を受け入れて、岡山孤児院の収容者数は千二百人を超え、四十年には東京事務所と大阪事務所を開設する。大正元（一九一二）年には茶臼原への孤児院の移転が女子部移転によりほぼ完了し、同二年に私立茶臼原尋常小学校を設立したが、翌年に持病の腎臓病が悪化して亡くなった。

享年四十八。孤児救済に生涯を捧げた一生であって、その信念に多くの支援が寄せられたのである。この若き石井十次の成長の背景には高鍋藩の藩校である明倫堂《めいりん》があったと見られる。

日向の藩校の教育

高鍋藩七代藩主の秋月種茂《あきづきたねしげ》は儒官の千手興欽《せんじゅおきかね》の進言に基づいて安永《あんえい》七（一七七八）年に藩校として明倫堂を設立した。その前身は高鍋城の三の丸に設けられた稽古所であって、藩士のみならず農民等の一般庶民も入学させた。

武芸稽古所を併設し藩士の子弟に文武を兼学させ、医学所を設け、嘉永六年には切偲楼《せっしろう》という寄宿寮を設置し、子どもの教育をおろそかにしない方針から、藩士に十一歳までに入校することを義務づけたのである。

同じく日向の飫肥《おび》藩では、享和《きょうわ》元(一八〇一)年に八幡馬場(日南市)に学問所が設けられていたのを、この地を訪れた高山彦九郎の影響を受けた松井蛙助《まついあすけ》(義彰)の嘆願により、藩主の伊東祐相《すけとも》が天保二(一八三一)年に改革して振徳堂《しんとくどう》と命名した。清武郷《きよたけごう》(宮崎市)に学舎の明教堂《めいきょうどう》を建てていた藩士の安井滄洲《そうしゅう》・息軒《そっけん》父子を招き、滄洲が総裁となり、息軒は助教になった。

この息軒は、寛政十一(一七九九)年に滄洲の次男として清武郷に生まれ、父の影響を受けて学問を志し、大坂に上って儒学を篠崎小竹《しのざきしょうちく》に学び、さらに江戸の昌平坂《しょうへいざか》学問所では古賀侗庵《こがどうあん》に師事し、藩主の祐相の侍読《じとう》(読書指導者)となった。

天保六(一八三五)年の父の死去で、同八年には再び昌平坂学問所に学び、翌年、家族とともに江戸に上って私塾「三計塾《さんけい》」を開いた。「一日の計は朝にあり。一年の計は春にあり。一生の計は少壮の時にあり」という三計塾の設立主旨に沿って、その門下からは谷干城《たにたてき》や陸奥宗光《むつむねみつ》、品川弥二郎など延べ二千名に上る逸材が輩出した。

また息軒は「文会《ぶんかい》」を主宰し、互いに切磋琢磨するなか、藤田東湖《とうこ》ら新進気鋭の学者が次第に加わり、やがて時勢を論じ合う場となった。黒船の来航による混乱のなか、藤田東湖を介して幕府攘夷派の中心水戸《みと》藩主徳川斉昭《なりあき》に意見を求められて、『海防私議』『靖海《せいかい》問答』などを上書したが、斉昭が没したためその意見が用いられることはなかった。

文久《ぶんきゅう》二(一八六二)年には幕府儒官に任じられ、戊辰《ぼしん》戦争の際には武蔵の領家《りょうけ》村(埼玉県川口市領家)に疎開し、『北潜日抄』を著し、明治元(一八六八)年の幕府倒壊により飫肥藩籍に戻ってからも、飫肥藩の江戸屋敷で塾生の教育に尽力した。高齢により視力が衰え、四肢不自由となったが、持ち前の不屈の精神で最後まで筆を離さず『睡余《すいよ》漫筆』を書き綴り、明治九(一八七六)年に七十七歳の生涯を東京で終えた。

小村寿太郎の一徹

飫肥藩の振徳堂に学んで、記憶力抜群と謳われたのが小村寿太郎《こむらじゅたろう》である。安政二(一八五五)年に飫肥藩の下級藩士の長男として生まれ、藩校の小倉処平《おぐらしょへい》に認められ、長崎に遊学してフェルベック(フルベッキ)のいた致遠館《ちえんかん》で英語を学び、ついで明治三(一八七〇)年に大学南校に入学して法学を学んだ。

第一回文部省海外留学生に選ばれハーバード大学に留学して法律を学び、帰国後は司法省に入省し、大審院判事を経て外務省へ転出した。杉浦重剛《じゅうごう》らの経済的支援を受け、陸奥宗光に認められて清国《しん》代理公使を務めた。

日清戦争の後、駐韓弁理公使や外務次官、駐米・駐露公使を歴任して、明治三十三(一九〇〇)年の中国の民衆反乱(義和団《ぎわだん》の乱)では講和会議の全権として事後処理にあたった。翌年の第一次桂《かつら》内閣の外務大臣に就任すると、日英同盟を積極的に主張して締結につなげた。日露戦争後の明治三十八(一九〇五)年、ポーツマス会議の日本全権としてロシア側の全権ウィッテと交渉し、ポーツマス条約を調印。その後、アメリカの鉄道王であるハリマンによる満州における鉄道の共同経営の提案(桂・ハリマン協定)については、首相や元老の反対を押し切って拒否した。

明治四十一(一九〇八)年の第二次桂内閣の外務大臣に再任すると、幕末以来の不平等条約を解消するための条約改正の交渉を行い、四十四年には日米通商航海条約を調印し、関税自主権の回復を果たしている。日露協約の締結や韓国併合にも関わり、一貫して日本の大陸政策を進め、同年の桂内閣総辞職にともなって政界を引退した。

小柄で頭が大きく、鼻の下から口の辺りに両端の下がった髭を生やし、顔は「やつれ相」で目はくぼんで頬は落ち、眉は太めで垂れ下がるが、すばやい行動力などから、北京の外交団から「ねずみ公使(ラット・ミニスター)」と仇名されたという。

李鴻章《りこうしょう》と対面した際、巨漢の李から「日本人とは皆閣下のように小そうございますか」と背の低さを揶揄《やゆ》されたのに対して、「残念ながら日本人はみな小そうございます。無論閣下のように大きい者もございます。しかし我が国では「大男　総身に智恵が回りかね」といい、大事を託さない事になっています」と切り返したという逸話など、多数伝わっている。

*

彼ら日向を離れて名をなした人々に共通するのは、頑固に信念を曲げないことにある。そこには彼らを育てた宮崎県の地形や風土が大きかったであろう。背後に九州山地、前面の東には日向灘《ひゅうがなだ》を臨むこの地が、背筋を伸ばし志を抱かせ、人々を東の世界に向かわせたに違いない。あるいは、天孫降臨《てんそんこうりん》に連なる神武《じんむ》天皇が東征し、やがて大和国を平定したという建国神話も大きく影響していたのかもしれない。

日向灘に面する良港の細島《ほそしま》と美々津《みみつ》には神武天皇船出の伝説があり、細島には壇ノ浦で滅んだ安徳《あんとく》天皇一行が上陸したという伝説がある。佐土原藩の外港の徳ノ渕湊や飫肥藩の外港である油津《あぶらつ》からは江戸や上方に向けて多くの物産が運ばれていった。

故郷を愛し、日本、いや世界に向けてはばたく人材がこの地から育ってほしいものである。

筑波山　夏・男体山頂(滝原逸郎氏撮影)

II

山《やま》

1 筑波山

山に引き寄せられた人々

◆茨城県筑波山麓

中世史研究を志していた大学生の時、茨城県石岡市に所在する常陸《ひたち》国府跡や国分寺・国分尼寺などを訪れた際、国分寺境内にある音曲師都々逸坊扇歌《どどいつぼうせんか》を祀《まつ》る扇歌堂に掲げられていた扇歌の歌を見ていた。

それを見ておられた引率の石井進先生から「君はどの歌がいいと思うかね」と聞かれた。「この歌かなあ」と答えると、「それは理に落ちる、と評されていてねえ」と、笑いながら言われたのであった。都々逸や扇歌に全く知識・関心がなかった私は、その一言に驚嘆したことを懐かしく思い出す。

次いで国府周辺を歩くなかで気づいたのが、西にそびえる筑波《つくば》山と国府との関係であって、その後、筑波山周辺の中世遺跡を何度か訪れるうちに、ここには多彩な人物が来ては活動していたことを考えるに至った。

たとえば南朝の重臣北畠親房は、伊勢大湊《おおみなと》から東国へ渡ろうとして暴風を乗り越えて常陸に上陸し、筑波山麓の小田治久《おだはるひさ》の小田城(つくば市小田)に拠点を据えると、そこから関東各地の反室町幕府勢力に結集を呼びかけるかたわら、著したのが南朝の正統性の主張をこめた『神皇正統記《じんのうしょうとうき》』や『職原鈔《しょくげんしょう》』であった。

山は地域の象徴であったから、筑波山の周辺に引き寄せられた人物を探れば、この地域の魅力が浮かび上がってくるであろう。人物の歴史を探りつつ、筑波の地域力を考えてみた。

人々を受け入れる筑波山

江戸の城下町を描く図には、ランドマークとして富士山と筑波山の二つが描かれることが多いが、この二つの山は古代にも対照的な存在だった。和銅《わどう》六(七一三)年に編纂が開始され、養老五(七二一)年に成った『常陸国風土記《ひたちのくにふどき》』に載る次の話は、その点を物語っていて興味深い。

神々の親が各地の子の元を廻っていた時のこと。富士山を訪ねて一泊させてほしい、と頼んだところ、富士の神は、「新嘗《にいなめ》(稲の収穫神事)をしており、お断りします」というつれない返事。

怒った母神がその足で筑波岳を訪れると、「新嘗ではありますが、どうぞお泊りください」というやさしい返事。そのためこれ以後、富士には雪で閉ざして登れない措置がとられ、筑波では人々が集まって、歌い舞い、飲み食べなどして今に絶えないという。

このように筑波山は古くから人々が登り、楽しむ場とされてきた。その筑波山は二つの嶺《みね》からなる。西側の男体山《なんたい》はごつごつした岩があって険しいのに対し、東側の女体山《にょたい》は標高がやや高いものの（八百七十七メートル）、泉が流れ、多くの人々が登って遊び楽しんできた。古くから信仰を集め、歌垣《かがい》が行われ、多数の男女が集まって歌い、舞って踊って交歓する習慣があったという。

『万葉集』には代表的歌人高橋虫麻呂《むしまろ》の和歌が三十四首載るが、その一つに「鷲の棲む　筑波の山の　裳羽服津《もはきつ》の　その津の上に　率《あど》ひて　未通女《おとめ》壮士《おとこ》の　行き集ひ　かがふかがひに　人妻に　吾《あ》も交はらむ」（一七五九）と始まる、山の神のお許しのもとで男女がのびのびとした交歓を楽しんでいる、と詠んだ歌がある。

虫麻呂の歌の多くは筑波山の真東に位置する常陸の国府で詠まれたものであるが、筑波山に登っての一首は、「草枕　旅の憂へを　慰もることもあれやと　筑波嶺に登りて見れば」（一七五七）と始まり、山からの素晴らしい景色を見ていると、何日も積もり積もっていた憂いが消え

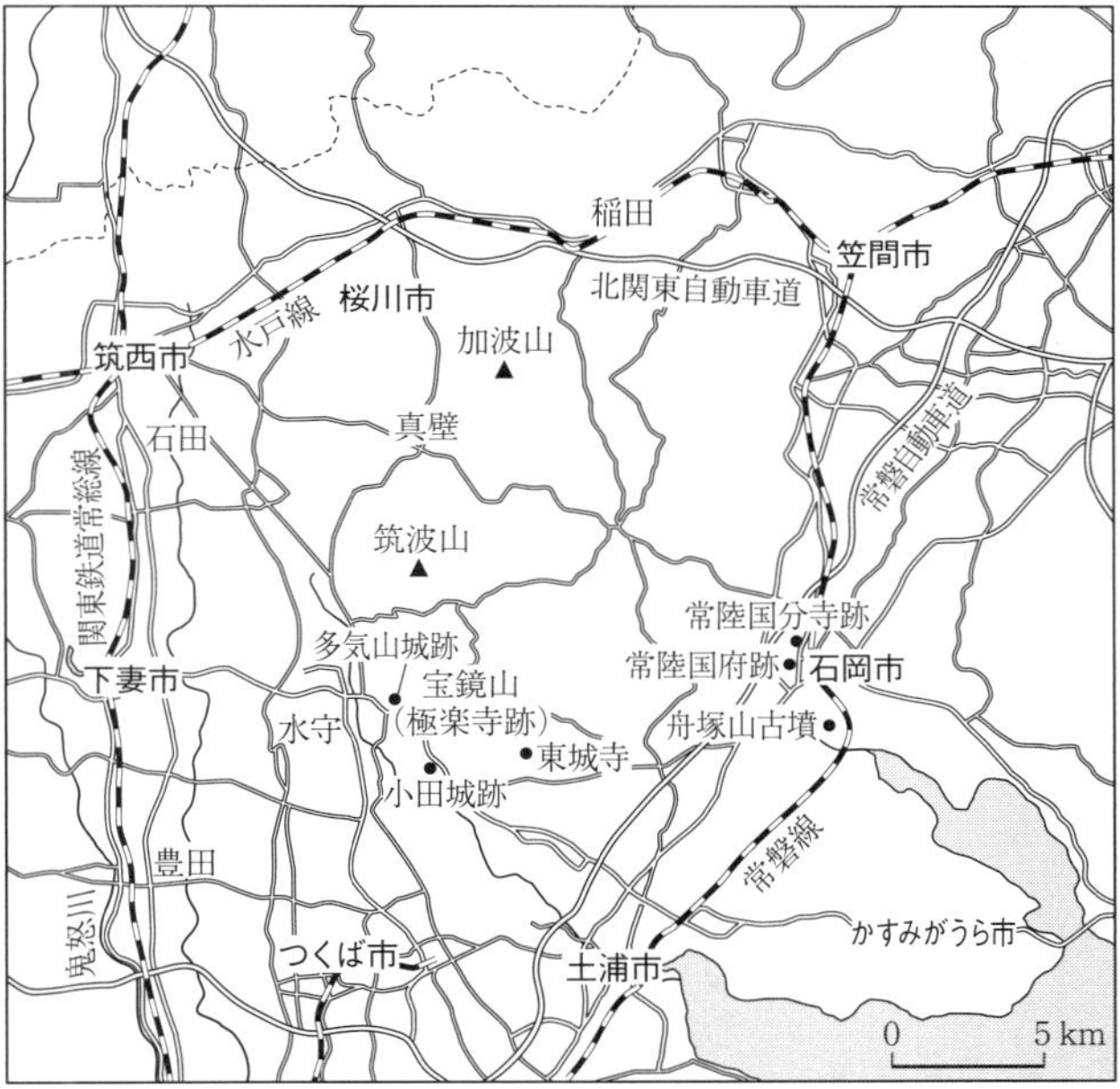

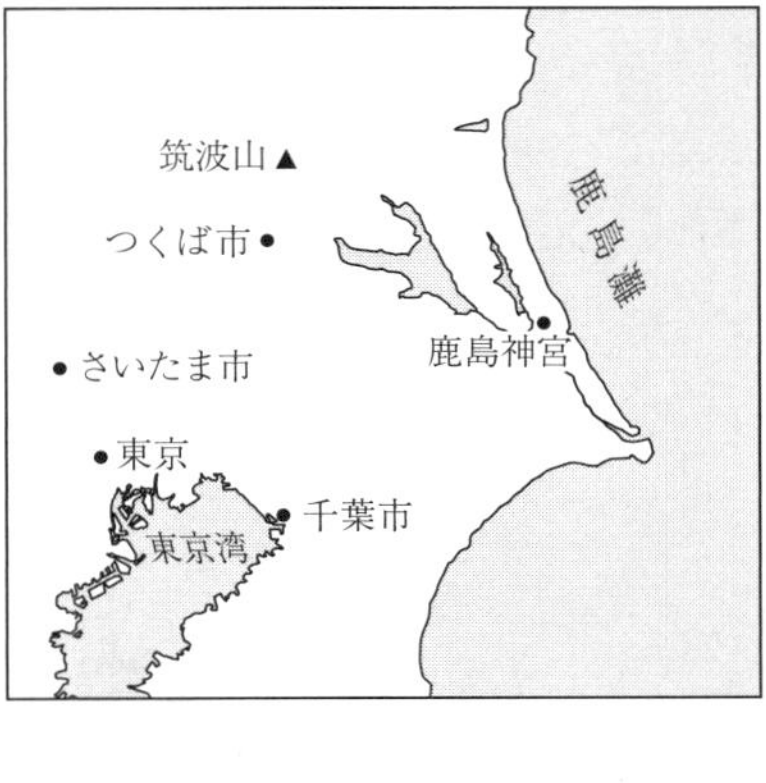

（上）筑波山付近
（下）筑波山広域

てしまった、とあって、近代の登山を感じさせる内容となっている。

律令国家が常陸の国府を置いた石岡の地は早くから開け、近くには東日本で二番目に大きい舟塚山《ふなつかやま》古墳がある。国府は筑波山を意識して立地されたと見られ、その故地に立つと、真西に筑波の二つの嶺がくっきりと見える。『常陸国風土記』は、常陸の名の由来について、ヤマトタケルが東北の蝦夷《えみし》を平定し、新治《にいはり》の県《あがた》に来て国造を派遣して井戸を掘らせたという話にかけて、「風俗《くにぶり》の諺に、筑波岳に黒雲かかり、衣袖漬《ころもでひたち》の国といふはこれなり」と記している。筑波は常陸を、東国を象徴する山であった。

兵の活躍の場

常陸は律令国家によって遠流《おんる》の地とされ、多くの不遇の流人を受け入れてきた。それを管理したのが国府の役人であり、流人以外にも九・十世紀になると国司として下ってきてそのまま土着するものが多く現れた。

彼らは都での出世をあきらめ「兵」となってゆくが、その根拠地とされたのは、筑波山を挟んで国府とは反対側の西麓の常総《じょうそう》台地であり、ここが十世紀に起きた平将門《たいらのまさかど》の乱の主要な舞台となった。

常陸の国司だった常陸大掾《だいじょう》の源護《まもる》は、筑波の北麓の真壁《まかべ》(桜川《さくらがわ》市真壁町)に館《たち》を築き、常陸平氏の平国香《くにか》もその近くの石田(筑西《ちくせい》市東石田)に館を築いていて、彼らは下総《しもうさ》国豊田《とよだ》(常総市豊田)に本拠を置く平将門と所領をめぐって争い、承平《じょうへい》五(九三五)年に将門の襲撃に遭い敗れた。

この紛争は東国を舞台とした「兵」によるごく日常的な私合戦(私闘)の一つに過ぎなかったが、やがてここから国家を揺るがす将門の乱へと発展してゆく。護から報復を頼まれた婿の平良正《よしまさ》は、筑波山西南麓の水守《みもり》(つくば市水守)に館を築いていて、そこから出陣し将門を攻めたのだが、敗れてしまい兄平良兼《よしかね》に助勢を求めた。

それに応えた良兼は、国香の子貞盛《さだもり》を味方に引き入れて水守で合流すると、将門の豊田館に攻め入ったが、これまた将門軍に大敗を喫し、ついに護は朝廷に将門を訴え出た。このため将門は都に召喚されたものの、恩赦にあって東国に帰って来たので、再び良兼との争いとなる。

その結果、将門は良兼を筑波山に追い込んで、良兼がやがて病死したことから、将門は本拠を豊田から要害の地である石井《いわい》(坂東《ばんどう》市岩井)に移し、その威勢がしだいに関東各地に伝わると、それにともない国司と対立していた各国の兵たちが将門を頼るようになった。

なかでも常陸国住人の藤原玄明《はるあき》は常陸の国司藤原維幾《これちか》との対立から将門を頼ってきて、これを庇護する将門と維幾の対立が始まり、争いが高じてついに将門は軍兵を率いて常陸の国府を攻め、維幾を降伏させたばかりか、国府の印璽《いんじ》(印章)を奪って国の実権を握るに至った。この段階から筑波山麓における将門の戦いは、ついに私闘の域を超えて朝廷への反乱となったのであり、勢いを得た将門はさらに北関東の下野《しもつけ》・上野《こうずけ》の国府をも占領し、関東諸国の国司を自ら任命、巫女の託宣によって「新皇《しんのう》」と称したという。

朝廷がこれを見過ごすわけもなく将門追討をはかると、常陸国にあった平貞盛が下野国押領使《おうりょうし》の藤原秀郷《ひでさと》と連携して将門を攻めたところ、矢に射られて将門が亡くなり、戦乱は終結した(『将門記《しょうもんき》』)。結末はあっけなかったが、将門の活動とその鎮圧に関わる記憶は、長くその後の東国における武士の自立的動きをいざなうものとなった。

武士の成長

平貞盛は将門追討の功により五位に叙されてから、その地位を筑波の地で継承したのが甥の維幹《これもと》の流れである。十一世紀には筑波山麓の水守や多気《たけ》に一大勢力を築いて、朝廷から五位の位をあたえられ、「水守大夫」「多気大夫」などと称された。

『宇治拾遺物語』は、この維幹が都に上って歌人の高階成順《たかしなのなりのぶ》の姫を見初め、常陸に連れ出した話を載せている。それによれば維幹は国司をもしのぐ大きな富を誇っていたといい、『常陸大掾伝記』によれば、維幹は常陸に住むようになって「水漏（水守）の大夫」と称され、その孫重幹から常陸国の六郡に分かれ一門が広がっていったという。

石井先生の引率で私が真壁や水守などの地を訪れたのは、まだ関東鉄道の車両がことこと筑波山麓を走っていた頃である。のんびりした田園風景のなか、この地の様子を熱く説明をしてくれた先生の声がいまだに耳の底に残る。先生の『中世武士団』（小学館初刊）にこの地はこう語られている。

水守城の一角に立てば東北方に筑波の峰がみごとな形姿をみせ、その手前、桜川の流れを越えたところに多気山の丘陵がうずくまり、ふもとには筑波北条の町並がつづいているのが望まれる。

重幹の子で総領の地位にあった致幹《むねもと》が保安《ほうあん》三（一一二二）年と天治《てんじ》元（一一二四）年に埋経した経筒が、筑波山の麓の東城寺薬師堂脇の経塚（土浦市）から出土していて、それには「法界衆生平等利益」が祈られている。武士による家形成が進んでいたことがわかるが、常陸平氏からは個性的で勇猛な兵が出て、十二世紀を通じて武士の家を形成していったのである。

鎌倉幕府が成立した頃には、多気を継いだ義幹のほか、下妻《しもつま》には「悪権守」と称された広幹が、真壁には長幹がいるなど、その勢力は筑波山西麓に広がっていた。しかし頼朝の常陸進出に対し、その挙兵にすぐに加わらなかったことから大きな影響を蒙った。

なかでも多気義幹は、常陸への勢力拡大を狙っていた頼朝の側近・八田《はった》知家《ともいえ》の計略にかかって、建久四(一一九五)年の曾我兄弟の富士の仇討直後に、多気山に籠もったのを理由に所領を没収され、その所職《しょしき》は一族の馬場氏に与えられて、馬場氏が以後、国府にあって常陸大掾の職を代々継承し大掾氏を称するようになった。

多気義幹を追い落とした八田氏は、多気近くの地に進出し、筑波の西南の麓の小田に館を設け、小田氏を名乗るようになり、やがて常陸の守護となってゆく。

筑波とその周辺には、このように多くの「兵」や「武士」が吸い寄せられてきたが、宗教者たちも次々とやってきた。

仏教布教の場

信仰の山としての筑波山には、女体山の山頂に筑波山神社の本殿が、山腹にはその拝殿が設けられ、神祇信仰の対象となったが、山麓周辺にも多くの寺院が建ち、国府の近くには国分寺・国分尼寺が建立された。

九世紀になると、法相宗《ほっそう》の徳一《とくいつ》が仏教信仰をもたらした。徳一は南都の寺院に学んだ後、東国に下って活動するなか、空海や最澄《さいちょう》との間で仏教論争を挑むようになるのだが、その徳一は筑波山に中禅寺《ちゅうぜん》を開いている。

やがて筑波を去って会津《あいづ》へと赴いたが、これ以後、筑波山の東南には天台系の東城寺が創建されるなど仏教信仰が広がっていった。それとともに神仏習合により、筑波山の神は千手観音・十一面観音を本地《ほんじ》仏とする大権現として崇められるようになる。

鎌倉時代になると、新たな信仰の波が押し寄せた。紀行文『海道記』が、「東国はこれ仏法の初道なれば、発心沙弥の故に修行すべき方なり」と記しているように、新たな動きを開始した仏教の教えは東国をめざした。

その最初が越後国府に配流となっていた親鸞《しんらん》であって、筑波山北麓の笠間《かさま》の稲田郷(笠間市稲田)に移り住むようになる。親鸞は建暦《けんりゃく》元(一二一一)年十一月に罪を赦されたが、非僧非俗の生活を送り、子を儲けていたこともあって、京には帰らずに越後に留まり、そこから常陸にやって来たのである。

新たな信仰の波は武家の政権所在地である鎌倉に入ることで、布教の試金石としようとしていたが、鎌倉は武家の首都として整備されつつあり、新たな信仰が入ることは難しかったので、人々をよく受け入れてきた筑波山麓にまず根拠地を据え、活動を繰り広げて力をつけ、そこから鎌倉をめざそうとしたのである。

親鸞の赴いた笠間の領主は、笠間左衛門尉時朝《さえもんのじょうときとも》の父塩谷朝業《しおやともなり》で、朝業は『信生法師日記《しんしょうほうしにっき》』を著した歌人で、源実朝に仕え、実朝の死後に出家していた。自らも建久五(一一九四)年七月に周防《すおう》国に配流された経験もあったから、流人の境遇には同情の念を抱いていたこともあり、親鸞を受け入れたものと考えられる。

親鸞はこの東国の一隅から政治や社会の動きを眺めつつ、信仰を広めることにつとめ、主著『教行信証《きょうぎょうしんしょう》』の執筆に励んで、鎌倉に入ることなく京に戻っていったが、それと入れ替わるようにやって来たのが、奈良西大寺《さいだいじ》の叡尊《えいそん》の弟子忍性《にんしょう》である。

忍性と一遍

忍性は文殊菩薩《もんじゅぼさつ》への信仰を強く抱き、社会的弱者である非人《ひにん》の救済を積極的に行うなか、東国布教の足がかりを筑波山麓に求めた。常陸の鹿島《かしま》神宮を経て、建長《けんちょう》四(一二五二)年に小田氏の保護を得て筑波の小田の地に至った。

小田城近くの三村山(今の宝鏡山《ほうきょうさん》)麓の三村寺(極楽寺)に入ると、そこを基地に活動の場を広げてゆき、やがて鎌倉に赴き、幕府の首脳の信仰を獲得したことから、師の叡尊を西大寺から鎌倉に迎えるなど、真言律宗《しんごんりっしゅう》への幕府の帰依を獲得する道を切り開いた。

忍性はその後、鎌倉の極楽寺に移ったのだが、三村寺の故地を訪ねると、殺生禁断の地を標示する結界石や巨大な宝篋印塔《ほうきょういんとう》・石造五輪塔が存在し、忍性の盛んな活動の一端をうかがうことができた。

親鸞と同じく浄土信仰を勧める時宗《じしゅう》の一遍《いっぺん》は、意を決し鎌倉入りをめざした。信濃の佐久で踊《おどり》念仏を始め、祖父の墓がある奥州を廻った後、常陸を訪れて奇瑞《きずい》を起こすと、そこから武蔵の石浜を経て鎌倉入りをめざし、今後の布教の成否を試そうとしたのである(『一遍聖絵』)。

聖宣はく、鎌倉入りの作法にて、化益《けやく》の有無を定むべし。利益《りやく》たゆべきならば、是を最後と思ふべき由、時衆に示して、三月一日、小袋坂より入り給ふに、……

鎌倉入りの当日は「今日は太守山内《たいしゅやまのうち》へいで給事《たまうこと》あり、この道よりは悪しかるべき」という忠告を受けていたのだが、あえて強行しようとしたのは、鎌倉幕府の実権を握る北条氏得宗《とくそう》に直接に信仰を訴えることを考え、得宗の支配下にある山内の巨袋坂《こぶくろざか》を通ろうとしたのである。しかし「太守」の北条時宗《ときむね》一行に入るのを制止され、鎌倉の外ならば「御制禁」の地ではないということから、近くの山中で念仏をしたところ、鎌倉中の道俗が群集したばかりか、さらに鎌倉の西の片瀬で踊念仏を行うと、紫雲が漂い、花が降る奇瑞が起き、時宗は新たな段階に入っていった。

常陸と鎌倉

常陸の府中(石岡)は鎌倉に倣《なら》って町が整備されていた。仏教説話集『沙石集《しゃせきしゅう》』には、この府中において法華経の持経者《じきょうしゃ》が止めるのも聞かずに屋根のケバを焼こうとして、燃え広がり家をも焼いてしまった話が見える。

この話を記した無住《むじゅう》は、鎌倉武士の梶原景時の子孫で、孤児になったために筑波山麓に住む縁者を頼って来て、ここから宗教活動を展開するようになった。鎌倉の寿福寺《じゅふく》に赴いたが、厳しい禅修行に耐えられず、畿内近国での修行の末に尾張の長母寺《ちょうぼ》で『沙石集』を著したのであった。

禅宗では京の建仁寺《けんにん》で学び、宋《そう》に渡った法身覚了《ほっしんかくりょう》が、筑波の真壁の武士真壁時幹の援助で伝正寺を開くなど、筑波山麓には鎌倉時代になってから続々と仏教信仰が入ってきた。筑波山自体の信仰の面でも、常陸の守護八田知家の子為氏は筑波氏を名乗り、後に出家して明玄《みょうげん》と称し、筑波山寺の別当となって以来、筑波山寺が隆盛を誇るようになる。

南北朝の動乱とともに南朝の北畠親房が小田城に拠点を据えて、関東各地の反室町幕府勢力に結集を呼びかけたことなどがあって、常陸の武士の活動は盛んとなる。室町時代から戦国時代にかけては、鎌倉を逃れた鎌倉公方《くぼう》が筑波の西の古河《こが》に本拠を置き古河公方と称され、常陸の北部に勢力を築いてきた佐竹氏、相模の小田原に本拠を有し関東に勢力をのばしてきた後北条氏などが、次々と進出してきた。

筑波の近世

江戸時代になると、江戸に近いこともあって筑波山が再び隆盛を誇るようになった。徳川幕府の保護を得るようになり、なかでも将軍徳川家光《いえみつ》の尊崇は篤く、三重塔や鐘楼《しょうろう》・楼門などを造立した。

安永八(一七七九)年の『筑波山名跡誌』には、「将軍家の御崇敬浅からず、神社仏閣湧くが如くに興隆し、人法繁昌、古《いにし》への千倍なり」と記され、文化《ぶんか》十(一八一三)年の『筑波詣』も「本尊観世音、坂東の札所なり。大堂巍々《ぎぎ》雲を貫き、結構美々たる荘厳」と記すなど、多くの参詣客で賑わった。

筑波山といえば名物のガマの油売りでよく知られるが、その口上は筑波山麓出身の永井兵助《ひょうすけ》が、故郷の薬「ガマの油」で一旗揚げようとして考え、江戸の浅草の縁日の大道で披露したのが始まりという。

かの都々逸坊扇歌が石岡にやってきたのは四、五十年後のこと。常陸太田に医師の子として生まれて江戸に出た扇歌は、都々逸や謎かけなどに長じ、世相を風刺した歌を作って一世を風靡したが、その歌が幕府批判と見なされて江戸を追放され、府中にやってきたものであり、嘉永五(一八五二)年に亡くなっている。その歌を掲げる。

親がやぶならわたしもやぶよ　やぶに鶯《うぐいす》鳴くわいな
たんと売れても売れない日でも　同じ機嫌の風車《かざぐるま》

扇歌は夢破れて晩年に筑波にやってきたが、筑波をめざした多くの人々は新たな飛躍を求めて訪れた。親鸞は四十二歳、忍性は三十六歳、北畠親房は四十六歳であった。扇歌の亡くなる前年の嘉永四(一八五一)年十二月、筑波に長州藩から二十二歳の吉田松陰がやって来た。筑波宿で「筑波の二嶺を極む。一を男体と曰ひ、一を女体と曰ふ。是の日天気晴朗、眺望特に宜しく、関東八州の形勢、歴々として指すべき。山にしては富士・日光・奈須、水にして刀根・那珂、皆目前に聚《あつ》まる」と記し(『東北遊日記』)、やがて笠間を経て水戸へと赴いた。

さらに元治《げんじ》元(一八六四)年には水戸藩の藤田小四郎ら六十二人が、攘夷《じょうい》実行の先駆けとして三月二十七日に筑波山に集結し、天狗《てんぐ》党の乱を起こした。

＊

天狗党事件から二十年後には、自由民権運動家が筑波山連峰の北に位置する加波《かば》山に立て籠もって加波山事件を起こしている。まさに個性的な人々をいざなった筑波山であり、そこを改めて訪ねると、筑波山の西麓は筑波学園都市となり、すっかり変貌を遂げていた。

しかしここに今、若い科学者が飛躍を求めてやって来ている。人材を生む場、飛躍を期する場としてのこの地の今後の発展に期待したい。これからどんな人材が育つであろうか。

② 立山
山は人を育て、経済を豊かにする

◆富山県東部

多くの地域では山はそのシンボルとして親しまれてきた。相模の大山《おおやま》は、落語「大山詣」からも知られるように、江戸の庶民の信仰を集めたばかりか、関東一帯の農村では成人儀礼として詣でることが行われ、大山につながる道々が大山道として整備された。

同じように越中《えっちゅう》の立山《たてやま》連峰は富山県民に大いに親しまれてきた。富山県に行くと、地元の人たちが異口同音に「立山が今日は綺麗に見えるでしょう」と語りかけてくる。江戸時代の越中の多くの村では、男子は成人儀礼として集団で立山(雄山《おやま》)を登拝する風習があったという。

そこで立山と富山との関わりを歴史的に見てゆけば、きっと富山の地域の力が見えてくるに違いない、と考え、古代にまでさかのぼってゆくうちに、立山を世に知らしめたのが歌人の大伴家持《おおとものやかもち》であることが見えてきたので、ここから出発することにする。

大伴家持の「立山の賦」

天平十八(七四六)年六月に越中守となった大伴家持は、赴任すると国内を巡検し、その風景を歌に詠んでゆく。八月七日に国守の館で宴を催した時の歌を見よう(『万葉集』)。

　八月の七日の夜に、守大伴宿禰《すくね》家持が館に集ひて宴する歌

秋の田の穂向き見がてり我が背子が　ふさ手折りけるをみなへしかも　(三九四三)

天離《あまさか》る鄙《ひな》に月経ぬしかれども　結ひてし紐を解きも開けなくに　(三九四八)

翌年に病気になり、その病が癒《い》えた時に詠んだのが、次の「二上山《ふたがみやま》の賦《ふ》一首(この山は射水《いみず》の郡に有り)」である。

射水川　い行き廻れる　玉櫛笥《たまくしげ》　二上山は　春花の　咲きける盛りに　秋の葉のにほへる

時に　出で立ちて　ふりさけ見れば　神からや　そこば貴き　山からや見はほしからむ

すめ神の　裾《すそ》みの山の　渋谿《しぶたに》の　崎《さき》の荒磯に　朝なぎに　寄する白波　夕なぎに　満ち来る潮の　いやましに　絶ゆることなく　いにしへゆ　今のをつつに　かくしこそ　見る人ごとに　懸けて偲《しの》はめ　（三九八五）

ここで詠まれた二上山は高岡市の北にあって山頂が二つに分かれており、都の近くにあった大和の二上山《にじょうさん》を思いつつ詠んだのであろう。そして四月には立山を詠んでいる。

立山の賦（越中国守の大伴家持、天平十九年四月二十七日に詠む）

天離る　鄙に名懸かす　越の中　国内ことごと　山はしも　繁《しじ》にあれども　川はしも　さはに行けども　皇神《すめかみ》の　うしはきいます　新川《にいかわ》の　その立山に　常夏に　雪降り敷きて　帯《お》ばせる　片貝川の　清き瀬に　朝夕ごとに　立つ霧の　思い過ぎめや　あり通ひ　いや年のはに　よそのみも　振り放け見つつ　万代の　語らひぐさと　いまだ見ぬ　人にも告げむ　音のみも　名のみも聞きて　羨《とも》しぶるがね　（四〇〇〇）

立山に　降りおける雪を　常夏に　見れども飽かず　神からならし　（四〇〇一）

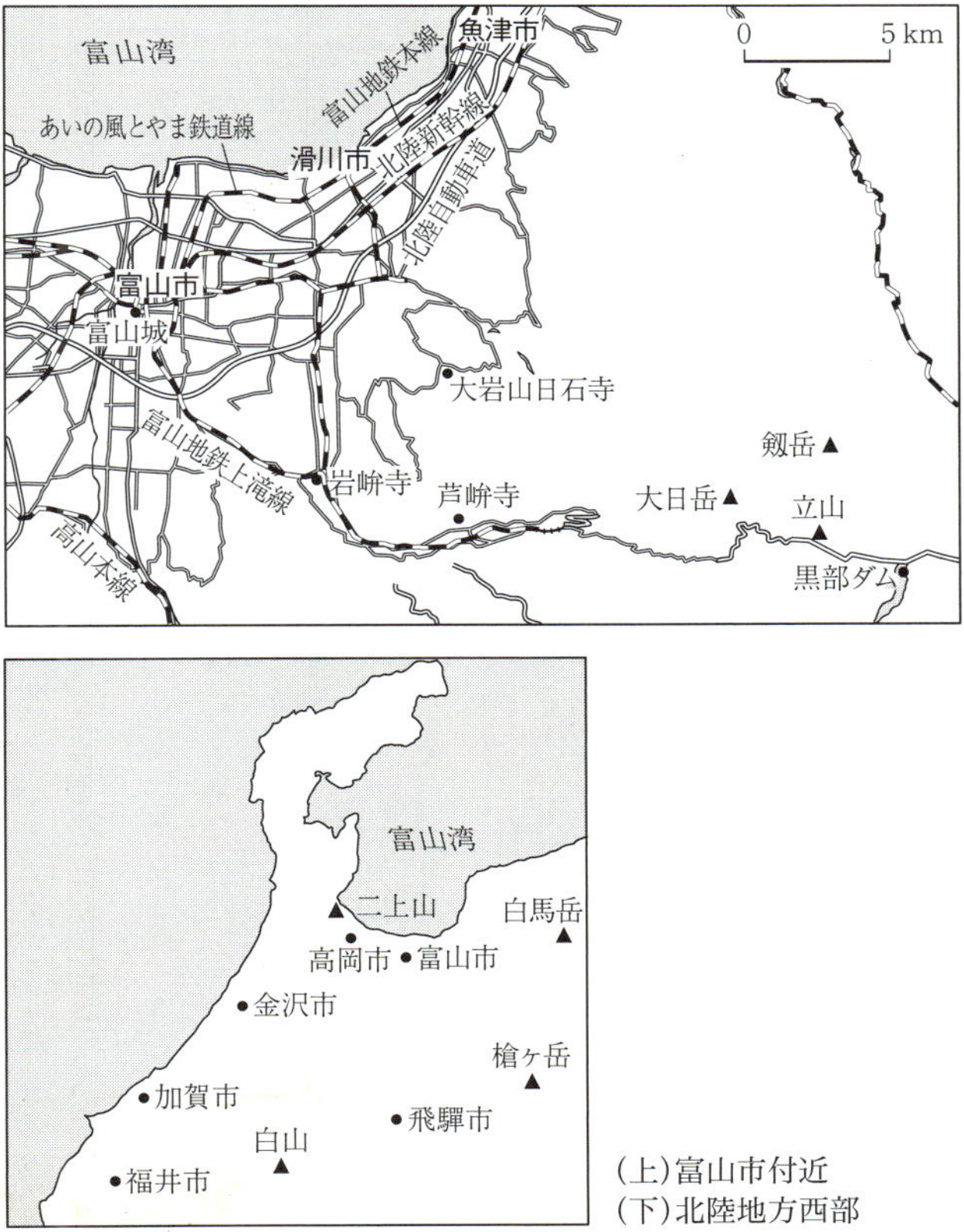

(上)富山市付近
(下)北陸地方西部

夏にも雪の消えない立山を見てその神を思って詠んだのである。天平二十(七四八)年には稲を貸し付けてその利を取る出挙《すいこ》のため越中国内を巡行し、各地で歌を詠んでいる。

婦負の郡にしてう坂の川辺を渡る時に作る一首

う坂川　渡る瀬多み　この我が馬の　足掻きの水に　衣濡れにけり　(四〇二二)

新川《にいかわ》の郡にして延槻川を渡る時に作る歌一首

立山の　雪し消《く》らしも　延槻の　川の渡ろ瀬　鐙《あぶみ》漬かすも　(四〇二四)

片貝《かたかい》川や延槻《はいつき》川を渡る時に仰いで見る雪の立山の素晴らしさを詠んだ歌であり、異郷の風土に接した新鮮な感動が伝わってくる。家持の歌はこの越中の経験を経て大きく成長し、『万葉集』の編纂も佳境に入ってゆく。家持の歌を育てたのは立山であったともいえよう。

立山信仰の展開

立山は信仰の対象でもあった。『延喜《えんぎ》式《しき》』巻十の神名帳《じんみょうちょう》には、越中新川郡の七座のうちに雄《お》山《やま》神とあるが、これが立山の神であって、貞観《じょうがん》五(八六三)年に正五位上、寛平《かんぴょう》元(八八九)年に従四位下に叙されている。

立山連峰の大日岳《だいにち》と剱岳《つるぎ》からは、奈良時代末期から平安時代初期の制作と推定される銅錫《どうしゃく》杖頭《じょうとう》が発見されており、修験の行場《ぎょうば》となっていたことがわかる。立山を神山と仰ぎ、山麓の芦《あし》峅《くら》寺に立山雄山神（立山大宮）と剱岳の刀尾《たちお》神（立山若宮）の両権現を奉斎する根本中宮の社殿が建てられていった。

立山山麓に所在する大岩山日石寺《おおいわさんにっせき》には不動明王磨崖仏《まがいぶつ》があって、これは脇侍の矜羯羅《こんがら》童子・制咤迦《せいたか》童子とともに平安時代後期の成立と推測され、芦峅寺の閻魔《えんま》堂には、平安時代の成立と推測される木造不動明王の頭部が一体残っている。不動明王は真言寺院や天台寺院で祀られ、疫病退散や国家・社会の平安を祈願して加持祈禱が行われており、山林修行者はその不動信仰の伝播者であったから、回峰行《かいほうぎょう》や修験道《しゅげんどう》と深く結びついていた。

こうした立山修験の具体的な活動を伝えるのが『大日本国法華経験記』第百二十四「越中国立山の女人」に載る話である。立山参詣中の修行者が立山地獄に堕ちた女性の亡霊の依頼を受け、近江国蒲生《がもう》郡の生家を訪ねて、遺族に法華経の書写供養を営ませたところ、これによって女性の亡霊は立山の地獄を脱け出て忉利《とうり》天《てん》（天界）に転生したという。

その冒頭で、山中の地獄谷の景観や称名《しょうみょう》滝（勝妙の滝）に触れていて、地獄の原には帝釈《たいしゃく》岳があり、そこで帝釈天（天上界の王）や冥官《みょうかん》（地獄の閻魔《えんま》王庁の役人）が集まって衆生の善悪を定めていたという。女性が生前に観音菩薩を祈念し一度だけでも持斎《じさい》した功徳《くどく》によって、観音菩薩が毎月十八日に身代わりとなって苦しみを受けてくれたというのである。『梁塵秘抄《りょうじんひしょう》』の今様《いまよう》には「験仏の尊きは東の立山　美濃なる谷汲《たにくみ》の彦根寺（中略）都に間近き六角堂」（四二八）と、観音信仰で知られる山として謡われている。

『今昔物語集』の立山修験

『今昔物語集』には立山信仰に関わる話が多く見える。巻十四の「修行の僧、越中の立山に至りて小女に会ふ語」は、先の『大日本国法華経験記』の話の立山参詣の修行者を三井寺の僧と見て再録している。同じく巻十四の「越中国の書生の妻、死して立山の地獄に堕つる語」は、越中国の書記官である書生の妻が地獄に堕ちたが、その子三人が立山に参詣して地獄に堕ちている母の声を聞いたことから、国司の協力を得て千部法華経の書写供養を営んで、母を地獄から救ったという話である。

巻十七の「越中立山地獄に堕ちし女、地蔵の助けを蒙れるの語」は、修行僧の延好《えんこう》が立山に籠っていると、京の七条に住むと称する女人が現れ、我が果報が尽きて地獄に堕ちたが、生前に祇陀林寺《ぎだりん》の地蔵講に参詣したことから、地蔵菩薩がこの地獄に来て、早朝、日中、日没の三度、我が苦しみを代わりに受けてくれている、と語り、このことを家人に伝えて、我に善根を修するように頼んだ。そこで僧が七条の家人に伝えると、家人は地蔵菩薩像を造り、法華経を三部書写し、亭子院《ていじのいん》で法会を開いて供養したという。

この話は『地蔵菩薩霊験記絵巻』に絵画化されており、そのアメリカのフリア美術館本（十三世紀中頃成立）には、「地蔵講結縁の人にかはりて苦を受給事」と題し、立山地獄に堕ちた女亡者の身代わりとなって責め苦を受ける地蔵菩薩の姿が描かれている。

巻十七の「備中国僧阿清《あしょう》が立山の霊験に赴いた話」など、立山の話には女性が地獄に堕ち、苦しみを受ける説話が広まっていた。仏教説話集の『宝物集《ほうぶつ》』には地獄の記述に続いて、「実にさあらん覚ゆる事は、我朝越中国の立山に地獄より、近江国の愛知の大領が娘あり、山臥《やまぶし》に言付て、親の元へ物申たる事の有りけるとぞ承る」と見える。

立山地獄に堕ちた女性の亡霊の救済が、修行僧や遺族による法華経の書写供養、地蔵菩薩への供養などで行われていたことがわかる。

立山信仰の広がり

十二世紀後半になると醍醐寺《だいご》の重源《ちょうげん》が熊野三山や白山などと並んで立山でも回峰修行を行うなど、立山信仰はさらに広がりを見せ、鎌倉時代にはその縁起が制作されている。

それによれば、文武《もんむ》天皇の大宝《たいほう》元（七〇一）年、景行《けいこう》天皇の後裔、越中の国司佐伯《さえき》宿禰有若《ありわか》卿の嫡男有頼《ありより》公が、白鷹と黒熊に導かれて山に登り、玉殿《たまどの》岩窟の中で「我、濁世の衆生を救はんがため此の山に現はる。或は鷹となり、或は熊となり、汝をここに導きしはこの霊山を開かせんがためなり」という立山両権現の霊示を受けたことから、文武天皇の勅命によって開いたのが立山であったという。

有頼は出家して慈興《じこう》と号し、立山座主《ざす》として芦峅寺に居を定め、立山信仰の弘通《ぐつう》に生涯を捧げたというが、『伊呂波《いろは》字類抄』十巻本の「立山大菩薩」の条には、立山開山の慈興《じこう》が立山の山麓で宗教活動を行っていた薬勢《やくぜい》の弟子となり、その後、師弟協力して山麓に「芦峅寺根本中宮」を含む立山信仰の拠点寺院を建立したとある。常願寺《じょうがんじ》川の南の本宮・光明山・報恩寺は薬勢により、常願寺川の北の芦峅寺根本中宮・安楽寺・高禅寺・禅光寺などは慈興により開かれたという。

鎌倉時代初期の作品と見られる木造の慈興上人坐像が芦峅寺雄山社の開山堂には安置されて

おり、また「寛喜《かんぎ》二（一二三〇）年」に「大日本越州新川郡太田寺 奉鋳《いたてまつる》」という銘文のある銅造の男性神像が造られるなど、この時期には立山信仰の体制が整備されていったことがわかる。すなわち立山山頂の立山権現（峰本社《みねほんしゃ》）、山麓の芦峅中宮寺、岩峅寺《いわくら》（前立社壇《まえだてしゃだん》）の三社一体の三山体制が整えられたのである。

立山衆徒の活動

室町時代からは幕府の保護を得て、立山衆徒の活動が広がっていった。芦峅寺・岩峅寺両衆徒の布教は、檀那場《だんなば》を廻り、身体を護る護符を配り、山麓の蕨粉《わらびこ》や薬などを土産にして赴いた。熊野修験のダラニスケ、高野聖《こうやひじり》の膏薬《こうやく》・痢薬、白山平泉寺の杉本坊の丸薬、能登《のと》石動山《いするぎやま》の神夢散や和中散などが修験の薬として知られるが、立山修験は立山りんどう（胃腸薬）、湯の花とクマノイなどの薬を持参した。

山伏は一般に家々を廻っていて家数を把握していた関係上、寺社の造営のために課される棟《むな》別銭《べちせん》の徴収を行っていたから、立山衆徒の山伏もこれを行っていたのであろう。『実隆公記《さねたかこう》』文明《ぶんめい》十五（一四八三）年三月二十九日条には「立山勧進帳、蜷川《にながわ》新右衛門尉親元の所望によりてこれを草し、清書し了ぬ」とあって、立山の修造に関わる勧進が行われていたことがわかる。

能『善知鳥《うとう》』は、生前、善知鳥を捕まえた罪の報いから、立山の地獄に堕ちたという陸奥《みちのく》の猟師の話で、立山の地獄に堕ちた亡者を救う話が能にも取り入れられている。永正十二(一五一五)年成立の『清凉寺縁起』には、越中立山に参詣した僧が会った亡霊が、「山城国葛野《かどの》郡の嵯峨荘小渕郷と申す所の名主道善」であったが、釈迦堂の近所にいながら釈尊に帰依しなかったので、こうした状態になったと語り、供養を依頼したという話が載っている。

室町幕府や越中守護、戦国大名の佐々成政《さっさなりまさ》等の崇敬で保護されてきた立山三山であったが、天正十三(一五八五)年八月、富山城主の佐々成政を征討するため、越中に軍を進めた豊臣秀吉は芦峅寺を悉く焼き払い、「東は立山ウバダウつるぎの山の麓迄、令放火候」と書状に記している。しかし前田利家が加賀《かが》藩主となってから復興造営に保護を加えるようになって、江戸時代には再び殷賑を極めるようになった。

修験の活動と売薬

江戸時代の立山の山伏は、立山権現の出開帳《でがいちょう》を行い、立山曼荼羅《まんだら》図の絵解きや立山万人講の富籤《とみくじ》を興行するなど、各地に出向いて信仰を弘め、立山登拝を勧めていった。

そうした広範な活動から、特定の地方とのつながりが生まれてゆき、芦峅寺の泉蔵坊は遠江と甲斐、大仙坊は大和と河内、日光坊は尾張、実相坊が豊前《ぶぜん》、玉泉坊は上総《かずさ》と安房《あわ》、竜泉坊は駿河と相模など、全国各地を地域分けして檀那場(得意先)とするようになった。

この修験の活動を手本にして広まったのが実に富山の売薬である。『富山売薬の縁起』には「立山信仰」を起源とすると見える。売薬の得意先の権利を記した「懸場《かけば》帳」と、立山信仰における宿坊の衆徒(檀那)の「諸国配札帳」「檀那場帳」とは似た性格を有しており、芦峅寺の衆徒は、護符などの御札とともに、富山売薬の反魂丹《はんごんたん》をも販売していた。

富山で薬種商が始まったのは十六世紀中頃であり、越中に薬種商の唐人の座が生まれており、十七世紀の初期から中頃にかけて丸剤や散剤を製薬する専業店が現れるようになった。開業当時は薬種販売のみであったが、それから製薬業に移ったと考えられ、往来物の『富山之記』には、江戸初期の富山城下に関する記載のなかに、「薬種ノ類者、沈ン香、麝香《じゃこう》、薫陸《くんろく》香、人尽《にんじん》、甘草、桂心、肉桂」など二十四種の薬種を記している。

富山藩と薬売り

寛永十六(一六三九)年に加賀藩から分封した富山藩は、参勤交代や幕府の手伝い普請などで財政難に陥ったため、経済基盤を強化するべく売薬商法によって起死回生を図った。藩主の前田正甫《まさとし》は薬に興味を持って合薬研究を行ったほどである。

その正甫が合薬富山反魂丹を、江戸城で腹痛になった奥州三春《みはる》藩主の秋田輝季《てるすえ》に服用させると、みるみるうちに回復したので、驚いた諸大名が富山売薬の行商を懇請し、富山の売薬は有名になったという。富山城下の製薬店や薬種業者の自主的な商売を踏まえつつ、売薬を産業として奨励したことが越中売薬発生の大きな契機となった。

西廻り航路が形成され、東北と北陸、北陸と瀬戸内海・関西・九州などの諸地域との物流が活発化したことから、富山の製薬業者はこのルートに乗って大坂から原料を輸入し、製造された薬を全国に運ぶ積極的な販路の開拓に役立てた。

飛騨《ひだ》街道を通じて美濃、そして太平洋沿岸への道も開かれ、北陸の富山から陸路・海路の両方を利用したルートが確立され、売薬商人が全国行商に出かけることになった。富山売薬が他藩で行商を行った最初は、十七世紀中葉の寛永年間の肥後《ひご》国への行商であって、それから豊前・豊後・筑後《ちくご》に、さらに肥前にも行商を広げている(『薬種屋権七由来書』)。

十八世紀になると薬は藩の一大事業となり、反魂丹の商売人には各種の心得が示されたが、この商売道徳が富山売薬を発展させてきたのであって、藩の援助と取締りのもと売薬は種類を広げながらしだいに販路を拡大した。

売薬仲間

仲間組の結成は享保《きょうほう》六(一七二一)年ごろの「福井十三人組」「鹿児島九人組」などに認められ、諸国を十八のブロックに分けて株数を定め、各組に三人の年行事を配置し「反魂丹商売方之儀諸事」を管轄させた。

関東組・九州組・五畿内組・奥中国組・四国組などの広域の組から、越中・飛驒・江州《ごうしゅう》・伊勢などの国単位の組まであって、各組は合議によって藩と交渉し、行商の免許・販売権など特権を獲得していった。

売薬人は他領での行商に際し富山藩で他国売薬の許可を得るとともに、旅先の藩で販売許可を得なければならなかった。藩財政が逼迫する江戸後期には、各藩は国産の奨励を進め専売制度を設けるなど各種施策を講じ、外からの移入を極力抑える保護貿易主義に傾いていったので、諸国を行商する売薬商人は各地で度々営業差止《さしとめ》を受けた。

売薬人はこの営業差止を何らかの形で解除し、差止を未然に防ぐために、それぞれの旅先で藩の立場を考慮し、藩経済にプラスになるような方策を行った。たとえば薩摩領内における売薬行商を見ると、薩摩が琉球《りゅうきゅう》や清国との密貿易を行っていたことから、「越中薩摩組」の売薬人は琉球貿易や中国との出会《であい》貿易の交易品とするための昆布を、富山で雇い入れた船で蝦夷松前《えぞまつまえ》から運上して薩摩藩に献上している。

嘉永三(一八五〇)年、蝦夷からの昆布輸送に要る資金として、薩摩藩主から総額五百両の助成(借入金)を受けて、昆布六万斤を仕入れ、一万斤は薩摩藩に献上し、残り五万斤は薩摩藩が買い上げている。

越中富山の薬売り

富山売薬の第一の特徴は、商圏の広さとともに、原料の麝香や牛黄《ごおう》などの漢方薬を中国から輸入し、長崎から大坂の道修町《どしょうまち》に、そして富山に送るルートを持っていたことである。

第二に、得意先に対し常に信用と信頼を重視し、旅先の経済事情や政治環境などの情報を細心の注意をもって収集する経営の巧みさと、販売に際して財務会計に巧みであったことにある。得意先の住所、氏名、配置した薬の銘柄、数量、前の配置における消費高、集金額を明確に記帳し、経営の正確な実体を数量的に把握できる「懸場帳」を作成した。

第三に売薬の販売形態である「行商」や「先用後利《せんようこうり》」という経営方式を生かしたこと。先用後利とは、「用いることを先にし、利益は後から」とした富山売薬業の基本理念であって、富山藩主の正甫の訓示に「用を先にし利を後にし、医療の仁恵に浴びせざる寒村僻地にまで広く救療の志を貫通せよ」とあったと伝えられている。

代金は後日支払ってもらう先用後利のシステムとは、消費者の家庭に予め医薬品を預けておき巡回訪問を行って使用した分の代金を受け取り、さらに新しい品物を預けるものであって、信用第一であった。これを毎年行うためには、家の中を握っている女性の信頼を獲得しなければならなかった。立山修験が女性の救済を熱心に行っていたことと関係していよう。

また薬を売る権利を獲得するためには領主の許可が必要とされるので、相手側の要望にも応える必要があり、いわばウィンウィンの関係を成立させてきたのである。

*

修験者の立山登拝の勧めは多くの信者たちを立山に導いたが、それが近代の観光登山を代表する立山・黒部《くろべ》アルペンルートへとつながっていたことを忘れてはならない。そうしたことから越中富山の地域力を考えるならば、宗教経済の力に認められよう。立山の恵みは豊富な水資源を生み、豊かな富山平野と富山湾という産業基盤を形成し、その信仰とともに経済性や組織性が整えられるようになり、富山の地域力が発揮されてきた。

③ 白山

霊山が育む深い信仰心

◆石川県金沢市

高原を歩く楽しみの一つは周囲の眺望や高山植物の観察にあるが、その植物の名には白山《はくさん》の名を冠したものが多い。別名を含めて二十種以上にハクサンを冠する種が白山に自生しているという。ハクサンコザクラ、ハクサンフウロ、ハクサンチドリ、ハクサンイチゲ等々。

白山といえば、もう一つは白山神社の存在を各地に見かけることで、その数は二千社以上ともいわれており、立山修験の立山神社がほとんどないのとは対照的である。どうしてこのように白山信仰は広まったのであろうか。

白山は海抜二千七百メートルある御前峰《ごぜんみね》を主峰とし、そこから流れる手取川《てどり》の流域に加賀平野がひろがる。世阿弥《ぜあみ》は佐渡《さど》に流された際、日本海から白山を見て、『金島書《きんとうしょ》』に「北海漫々として雲中に一島なし。東を遥かに見渡せば、五月雨の空ながら、その一方は夏もなき。雪の白山ほの見えて、雪間や遠く残らん」と記している。

その白山は養老元(七一七)年に泰澄《たいちょう》によって開かれたというが、泰澄は伝説上の人物で、その実は平安時代中期の九世紀頃までは自然崇拝の山であったのが、やがて修験者の山岳修行の山へと変わっていったのであろう。

白山登山は山岳修験や山岳信仰において極めて重要な行場となってゆき、そうしたなかで白山は神仏習合の思潮に彩られるようになった。白山の主峰の御前峰の山頂は禅定《ぜんじょう》と称され、そこに白山妙理大菩薩が鎮座し、その本地仏は十一面観音とみなされ、北方の大汝峰《おおなんじみね》には本地が阿弥陀仏の高祖大男知《おおなむち》が、南の別山《べっさん》には聖《しょう》観音を本地仏とする地主神《じぬし》が鎮座しているとされた。

白山へは加賀・越前・美濃の三方から山頂に至る登山道(禅定道)が開かれ、それぞれの道筋に三つの馬場(拠点)が開かれた(『白山之記』)。越前馬場には平泉寺が、加賀馬場には白山寺・白山本宮が、美濃馬場には長滝《ちょうりゅう》寺が設けられた。

私はそのうちの平泉寺跡を訪ね、続いて加賀馬場の白山神社をも訪ねて、その信仰がどう広がったのかを考えるなか、気づいたのがこの地域に広まった一向《いっこう》宗や曹洞《そうとう》宗との関係である。

曹洞宗の弘通

鎌倉時代の北陸に新たな信仰をもたらしたのは曹洞宗であって、大陸に渡ってこれを日本に将来した道元《どうげん》が、比叡山《ひえいざん》の弾圧を受けたため、寛元《かんげん》元(一二四三)年七月、京の六波羅探題《ろくはらたんだい》に仕えていた波多野義重《はたのよししげ》の招きにより、その所領である越前の志比《しひ》荘に移って大仏《だいぶつ》寺(永平《えいへい》寺)を開いた。

それから十年、病のために永平寺を弟子の孤雲懐奘《こうんえじょう》に譲って京に戻って死去するまで、「心の念慮・知見を一向捨てて、只管打坐《しかんたざ》」という出家修行至上主義に基づいて、祈禱や祭礼を否定し、礼仏や読経も余分なものと考え、信仰をつきつめていった。この永平寺の修行は峻厳なもので今に続いている。

しかしその分、この時代の信仰の広がりには限界があって、そのまま曹洞宗は孤立するかに見えたが、永平寺三世となった徹通義介《てっつうぎかい》は仏殿を建て、礼仏を取り入れるなど積極的な改革を試みた。この結果、道元の遺風を慕う一派との対立から正応《しょうおう》二(一二八九)年に門弟の澄海《ちょうかい》の招きによって加賀に移り、加賀の有力な武士である富樫家尚《とがしいえひさ》の外護《げご》を得て教えを広め、真言宗の大乗寺は曹洞宗へと改宗された。

この信仰を受け継ぎ、曹洞宗を飛躍的に広めたのが大乗寺二世の瑩山紹瑾《けいざんじょうきん》である。瑩山は越

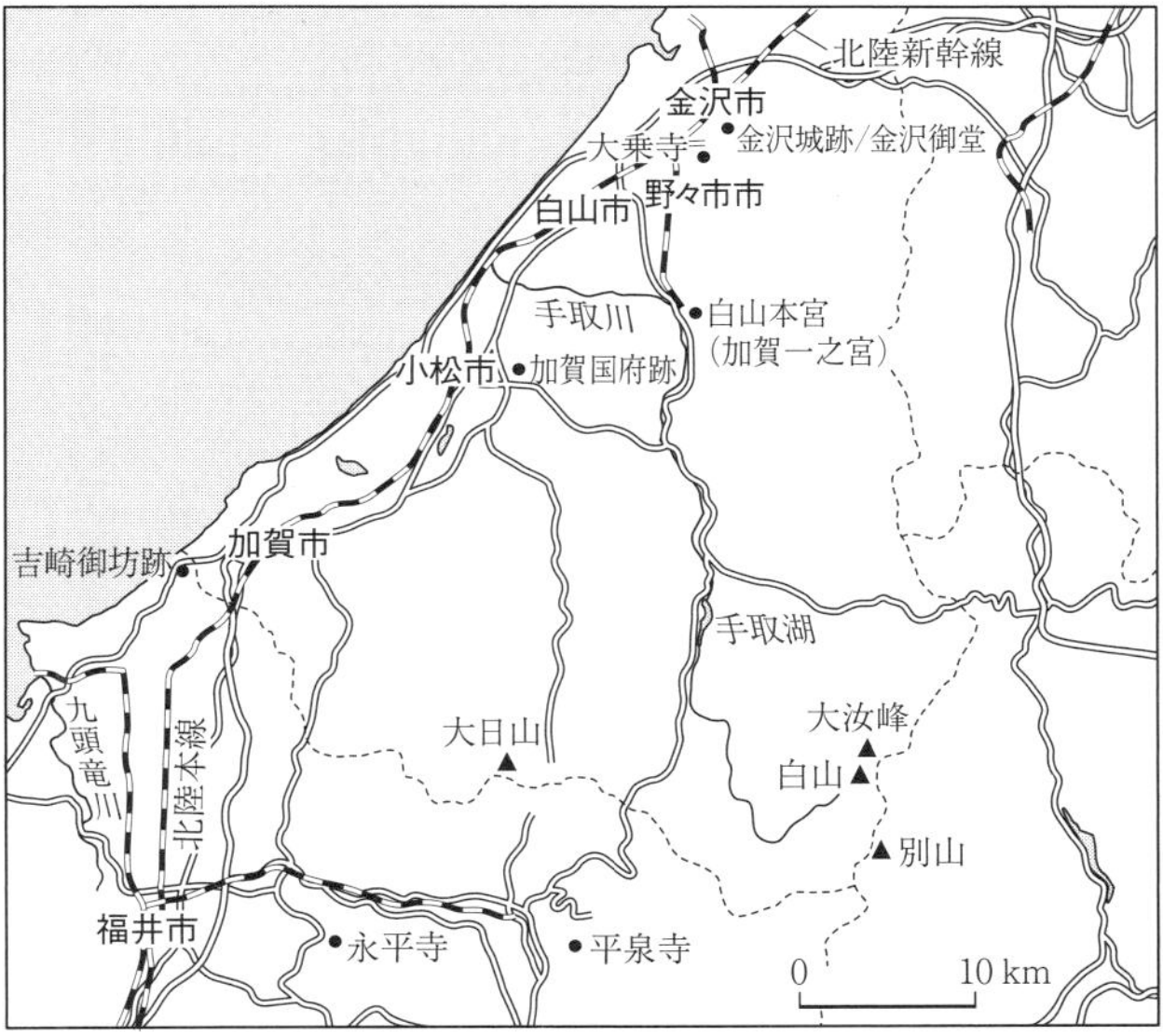

金沢市付近

前の豪族瓜生《うりゅう》氏に生まれ、母の熱心な観音信仰の影響を受けて幼少時から信仰心に目覚め、永平寺で徹通に師事し、各地を廻った後、徹通に従って加賀大乗寺に移ると、徹通の死後には遺志を受け継ぎ、道元以来の出家修行に加え、密教的な加持・祈禱・祭礼などを取り入れて布教を試みた。

応長《おうちょう》元（一三一一）年は加賀に常住《じょうじゅう》寺を開き、その二年後に能登《のと》に永光寺を開いて武士らに禅を広め、元応《げんおう》三（一三二一）年にはさらに能登に総《そう》持《じ》寺を開いて、後醍醐《ごだいご》天皇から「日本曹洞賜紫出世之道場」の綸旨《りんし》を得ている。

曹洞宗興隆の基礎はこの瑩山により固められたことから、宗派内では道元を高祖、瑩山を太祖と尊称しているが、この瑩山による弘通が成功したのはなぜであろうか。瑩山が依拠した寺院を見ると、多くはその前身が白山信仰との関わりの深い天台宗寺院であり、そのことと連関があるものと考えられる。加賀の地では霊山として崇められた白山への信仰が広がっており、それをうまく取り入れたことが大きかったのであろう。

白山信仰の広がり

『今昔物語集』巻十七の十八話には、僧の阿清《あしょう》が修験を好んで白山や立山などの山々を巡り、海を渡る難行・苦行の修行をしたことが記されている。十一世紀に成立した『新猿楽記《しんさるがくき》』に載る大験者の次郎君は、大峰や葛城に何度も通っており、その赴いた修験所としてあがっているのは、熊野や金峰山《きんぷせん》、立山をはじめ富士山や白山などである。

そのなかでも白山は、後白河上皇が今様を集めた『梁塵秘抄』に「すぐれて高き山　大唐唐《だいとうとう》には五台山、霊鷲山《りょうじゅせん》　日本国には白山・天台山」(三四五)と謡われたように、日本の山を代表する霊山であった。富士の登山とその信仰を広めた富士上人(末代《まつだい》)は、富士山に登る以前に白山に詣でて龍池の水を酌んでおり、その昔、天喜《てんぎ》年中（十一世紀半ば）に白山に登って龍池の水を汲んだという日泰《にったい》上人の後身と見なされている（『本朝世紀《ほんちょうせいき》』）。白山登山は山岳修験や山岳信仰において極めて重要な修行となっていたのである。

十一世紀末になると、各国の国司は国内の神祇体制を整備してゆくなか、加賀では白山本宮を加賀の一宮として待遇し、国司や在庁官人（国衙の役人）・武士たちの保護を受け、広く信仰を集めていった。

加賀の国府は加賀平野の小松市辺にあったが、ここからは雪の白山が正面に見え、越前国から分立した加賀国の国府の立地は白山との関係から選ばれたのであろう。白山信仰が北陸道から各地に大きな広がりを示すようになって、これに目をつけたのが比叡山延暦《えんりゃく》寺であり、白山を末寺となすとともに、延暦寺の鎮守である近江の日吉《ひよし》社七社の一つとして白山社を勧請《かんじょう》している。

永治《えいじ》二（一一四二）年三月十七日に僧西念《さいねん》が京都の六波羅の経塚に納めた経の目録には、その筆頭に加賀の白山妙理権現の御宝殿が載り、奥州平泉の中尊《ちゅうそん》寺にも白山社が勧請されて鎮守とされるなど、白山信仰は北陸道からさらに各地へと広がっていった。

そうしたなかで起きたのが、安元《あんげん》元（一一七五）年に加賀守となった後白河法皇の近臣・藤原師高《もろたか》と白山の大衆との間の紛争である。師高の代官と白山の末寺である鵜川《うかわ》寺の僧の争いに端を発し、白山の大衆の訴えが本寺の比叡山大衆を動かし、神輿を担いで朝廷への強訴となり、その後の源平の争乱へとつながってゆく。

このような白山信仰の広がりの上に新たな信仰が鎌倉時代に及んできたのである。白山の本地の一つは観音であるが、曹洞宗の瑩山に大きな影響をあたえた母は熱心な観音信仰の持ち主、瑩山を外護した富樫氏も加賀の在庁官人として白山信仰を担っていた。富樫氏というと、歌舞伎の『勧進帳』に登場することで有名だが、その富樫氏の館跡が、金沢市の南の野々市《ののいち》市にあることから、その跡を訪ね歩いたところ、近くには白山神社があった。ただ富樫氏の外護した大乗寺の跡も探したが、後に金沢に移されてしまい、その跡地はわからなかった。

一向宗の浸透

鎌倉後期になると、曹洞宗以外にも新たな信仰が及んできた。徹通義介が大乗寺に入った正応二(一二八九)年、各地を遊行していた一遍が摂津《せっつ》の兵庫《ひょうご》で亡くなっており、その時にいったん解散した時衆であったが、一遍の遊行《ゆぎょう》に従っていた他阿弥陀仏真教《たあみだぶつしんきょう》によって再結成され、翌年から遊行が開始され、その布教の場として最初に選ばれたのが加賀である。

越前の惣社《そうじゃ》で七日間の参籠《さんろう》を果たした他阿《たあ》は、翌年八月に「加賀今湊《いまみなと》といふ所にて、小山律師なにがしとかいへる人、僮僕《どうぼく》あまた引具して道場へまうでぬ」(『遊行上人縁起絵』)とあるように、今湊の道場に訪ねてきた小山律師を「一向専称の行者」へと改宗させている。今湊は加賀平野を流れる手取川の分流の今湊川の河口に位置し、日本海沿岸航路の中継港である。

他阿は北陸での布教を通じて「時衆制誡」「道場制文」を定め、やがて各地に道場を整備してゆき、その道場の数は生涯で百余りになったという。この一遍に始まる時宗は踊念仏を布教の手段としたが、一遍とは別に踊念仏を行っていたのが一向俊聖《しゅんしょう》であって、これより先の弘《こう》安《あん》七(一二八四)年春に加賀の金沢で踊念仏を行ったという(『一向俊聖絵伝』)。

これら阿弥陀仏の専修《せんじゅ》を主張する信仰は、道場を中心にして信仰を広げ、浄・不浄を嫌わない点を特徴としていた。親鸞に始まる浄土真宗も、道場を拠点として教えを広めていた点で共通していたことから、ともに一向宗と称された。親鸞は「ただ道場をばすこし人屋に差別あらせて、小棟をあけてつくるべきよしまで御諷諫《ごふうかん》ありけり」というように、小規模な道場主(門侶)を中核として信者(門徒)を増やしていたのである。

蓮如の進出

一向宗は道場を場に死霊を救済していた点で修験の山伏《やまぶし》とも共通点があった。山伏は真言の霊験によって死者のいる霊界を知って人に見せ、死霊を往生させていたからである。親鸞が道場で面会した人物の多くが山伏のような民間宗教者であったことも見逃せない。親鸞の言説を記した『歎異抄《たんにしょう》』を著した唯円《ゆいえん》はそうした存在であった。

一向宗と修験の山伏には共通性が多く、一向宗も白山信仰の場に入ってきて広まったのである。白山の本地仏の一つに阿弥陀仏があったことも忘れてはならない。

浄土真宗そのものの加賀進出はやや遅れて、南北朝・室町時代になってから大きな広がりを見せるようになった。本願寺七世の存如《ぞんにょ》の弟如乗《にょじょう》によって、加賀の本泉《ほんせん》寺や専称寺などを拠点に真宗の波が及んできた。時宗が湊町に広がったのに対し、真宗は山間部や農村部に広がって大勢力を築くようになってゆくが、その大きな画期となったのは蓮如《れんにょ》が拠点を加賀の近くの越前の吉崎《よしざき》に構えたことにある。

寛正《かんしょう》六(一四六五)年の比叡山の襲撃によって、京の大谷本願寺を破壊された蓮如は、文明三(一四七一)年に吉崎に拠点を移して坊舎を構え、北陸布教にあたった。念仏者集団の同朋としての性格、阿弥陀仏の救いなどを強調する「御文《おふみ》」によって信仰を勧めたのである。

やがて加賀の守護・富樫氏の内紛に介入し、富樫政親《まさちか》の要請を受けて文明六(一四七四)年には富樫幸千代《こうちよ》を倒すのに力をかし、また親鸞以来の血脈相承を根拠に、北陸の浄土系諸門を次々と統合していった。しかし本願寺門徒の勢いに不安を覚えた政親が、本泉寺や光徳寺および松岡寺《しょうこうじ》を中心とした門徒への弾圧を開始したことから、守護の保護を期待していた蓮如は、吉崎御坊《ごぼう》を退去し、加賀の門徒は政親に追われて越中国に逃れた。

一向一揆の領国

この情勢に越中礪波《となみ》郡の石黒光義が政親と結んで門徒を襲うも、文明十三(一四八一)年に逆に越中で一揆が起きて光義は討ち取られ、さらに加賀の有力武士と越中から帰還の門徒らが結んで、長享《ちょうきょう》二(一四八八)年に富樫泰高を守護に擁立し政親を高尾城に滅ぼした(長享の一揆)。

こうして加賀一向一揆は、郡・組・講などの組織を通じて、門徒領国を形成するようになるが、それが明確な形をとるようになったのは、永正三(一五〇六)年に実如《じつにょ》の指令で蜂起した永正一揆からであって、「賀州《かしゅう》三ケ寺(本泉寺・松岡寺・光教寺《こうきょうじ》)」を頂点とする門徒組織が整備された。その後、享禄《きょうろく》四(一五三一)年の「享禄の錯乱」で門徒領国が分裂して大坊主が没落するなか、加賀に本願寺宗主の代理の一門衆が在住し、次第に門徒領国は本願寺による本願寺領国へと変化し、坊主たちは本願寺の番衆として組織された。

天文《てんぶん》十五(一五四六)年には加賀の一向一揆が尾山御坊(金沢御堂)を建てると、一揆の拠点は金沢に移り、ここを中心にして北陸全体に勢力を拡大してゆき、加賀は「百姓のもちたる国」になった。御堂の建立とともに、後町・南町・西町・堤町・金屋町・近江町などを中心とする寺内町が形成されていった。

城下町金沢と仏教

戦国時代の進展とともに、永禄七(一五六四)年に越前の朝倉氏が加賀に侵攻してくるなか、加賀の一向一揆は上杉氏や織田氏とも対立し、ついに天正八(一五八〇)年に金沢御堂は陥落し、最後まで抵抗した山内衆も天正十年に徹底的に攻められて滅ぶ。

百年近くも続いた「門徒の国」の拠点金沢御堂は、佐久間盛政《もりまさ》の居城とされ、次いで前田利家がこの金沢城に入って以後、金沢は加賀百万石の城下町として整備されていった。その城下町は北を浅野川、南を犀《さい》川に挟まれて広がり、寺町はそれぞれ川向こうに形成された。

北が卯辰《うたつ》の寺町、南が野田の寺町で、曹洞宗の大乗寺は富樫氏の本拠近くから城下の町中、さらに野田の寺町近くに移された。真宗寺院は町中に散在し、城近くには金沢御堂の後身の西本願寺の西別院、西のはずれには東本願寺の東別院があり、一向一揆を主導した専光寺も復活をとげ、近世初頭には専光寺末寺が加賀・能登から出羽にまで広がるようになった。

私は何度目かの金沢行きで、野田の寺町を振り出しに大乗寺を経て前田家墓所がある野田山墓地を歩きつつ、往時を偲んだことがあるが、まさしく金沢城下町を特徴づけるのが寺町であることを実感した。

金沢の城下町文化は、五代藩主の綱紀《つなのり》の時に最盛期を迎える。綱紀は学問・文芸を奨励し、書物奉行を設けて工芸の標本、古書の多くを編纂・収集し、木下順庵や室鳩巣《むろきゅうそう》、稲生若水《いのうじゃくすい》らを招聘し、自ら百科事典『桑華字苑《そうかじえん》』を編纂したほどである。

豊富な書籍を収蔵した書庫は、新井白石から「加賀藩は天下の書府」と礼賛され、今に尊経閣《そんけいかく》文庫として伝えられており、古文書の保管にも意を注いで京都の東寺《とうじ》の『東寺百合文書《ひゃくごう》』は綱紀が寄せた百合の桐箱に整理されたことからこの名がある。

大藩である加賀藩が蓄財をし過ぎると、幕府転覆を画策しているかと疑われるおそれがあったため、資金に余裕がある時は散財をして、豪奢な調度品を仕入れ、建物の改築に財産を蕩尽することを惜しまなかったという。

藩の御細工所を整備して武具・細工・弓矢・鉄砲の四部門に奉行・小頭《こがしら》・御細工者・足軽を

置いて、細工を作らせたが、その種類は二十数種に及んだ。こうした背景もあって金沢箔や金沢漆器、金沢仏壇、加賀友禅などの伝統工芸品が今に伝えられているのであるが、これらは武士・町人とともに寺の需要があって発展してきたことも見逃せない。

＊

金沢出身の泉鏡花や室生《むろう》犀星《さいせい》などの文学者、禅を諸外国に広めた鈴木大拙、真宗の改革運動を行った暁烏敏《あけがらすはや》らの宗教者、さらに哲学者の西田幾多郎などを見てゆくと、その根底には宗教社会の力が見出される。

目を海に移せば、日本海を航行する近世の北前船の船頭には加賀出身の者が多かったが、その荒海を乗り越える精神力は加賀で培った宗教心によるのであろう。日本人の宗教心を考える時、金沢は絶好の土地である。

4

六郷満山

谷間の村の文化力

◆大分県国東地方

大分県北東部にある国東《くにさき》半島に毎年のように訪れていたのはもう三十年前になろうか。毎年五月には石井進先生とともに学生を引率し、加納という宿に泊まっては国東半島一帯を廻り、研修旅行をしていた。

中世の荘園の姿は新田《しんでん》開発や圃場《ほじょう》整備事業などによって、今やほとんど見出すことができなくなっていたのに、ここにはその荘園の景観が豊かに残され、特に田染《たしぶ》ではよく保存されている。

国東半島は南側を別府《べっぷ》湾、東側を伊予《いよ》灘《なだ》、北側を周防灘に囲まれ、中央やや北寄りにある両《ふた》子《ご》山(標高七百二十一メートル)をはじめとする山々から四方に谷筋が走る。この谷に沿って集落が形成され、「六郷満山《ろくごうまんざん》」と称される仏教文化が広がってきた。「六郷」とは、来縄《くなわ》(豊後高田市)・田染(豊後高田市)・伊美《いみ》(国東市国見町)・国東(国東市国東町)・安岐《あき》(国東市安岐町)・武蔵《むさし》(国東市武蔵町)の六地域をいい、そのうち半島の西側の田染が中世の田染荘の故地であって、豊前の宇佐《うさ》神宮の荘園となっていた。

国東半島ではどこを歩いても、中世からの寺社や石塔・石仏があり、それが周囲の景観によく融けあっていた。清々しい新緑の季節の恵みを受けつつ、この長閑《のどか》な村の風景がいつまでも続いてほしいと思いながら、考えるに至ったのが村落文化の力である。

国東の村の開発

国東での村の姿は、安国寺《あんこくじ》集落遺跡(国東市)から始まる。これは両子山から東に流れる田深《たぶか》川の狭い水田地帯の河口に近い一角に存在しており、田深川右岸の低湿地にあって、農具をはじめとする各種の木器や建築部材などの木製品・植物種実種子などが豊富に出土した。

発掘当時、静岡県の登呂遺跡と対比され、黎明期の農耕文化を解明する遺跡として「西の登呂」とも呼ばれ注目されたもので、大量に出土した土器は「安国寺式土器」と命名され、弥生後期後半の土器様式の標識土器となっている。

国東半島

周囲に大溝を巡らした集落遺跡で、質量とも良好な建築部材が四百六十点も出土し、その盛期は弥生時代の後半から古墳時代の前半の時期とされ、掘立柱《ほったてばしら》建物の高床《たかゆか》住居、倉庫、祭祀用の建物計九棟が復元されている。

古墳時代から律令国家形成の時代にかけては、河川に井《い》堰《せき》を設けてそこから取水し、田地を開くことが広く行われ、条里に整備された水田が半島各地で見られるようになる。田染郷の中央部では条里的な整然とした水田が展開している。現在、北側の横《よこ》嶺《みね》地区と南側の上野《うえの》地区では荘内を流れる桂川に設けられた大井《おおい》堰と鍋山《なべやま》井堰から取水しているが、これは古代に条里水田として形成されたものが、何度も改変しつつ継承されてきたものであろう。

時代は下って田深川の河口部右岸の飯塚遺跡からは、二間×二間の総柱建物五棟ほか計十四棟の掘立柱建物群が検出され、泥湿地からは須恵器・土師器《はじき》・墨書土器・刻書土器・貿易陶磁器・緑釉椀《りょくゆうわん》・土錘《どすい》等の土器類、布目瓦、石帯《せきたい》、曲物《まげもの》・椀・糸巻・櫛・木錘・横槌・下駄などの木製品、種子・木の葉・獣骨など多種多様な遺物が発見された。

注目すべきは五十二点の木簡であって、田地の耕作者と人数と人名、稲の収納や出納に関わる内容のもの、木工など技術に関わるもの、信仰・宗教に関わるものなどからなり、「倉札」には承和《じょうわ》二(八三五)年の年号が確認され、出土した須恵器や土師器からも八世紀後半から九世紀のものであることがわかった。当時の村の姿がうかがえる。

荘園の村の景観

中世になると、国東半島に荘園が形成されてきた。田染郷に宇佐神宮の勢力が入ってきたのは十一世紀前半である。

もともと宇佐神は豊前の地方神であったのだが、様々な信仰を積極的に取り入れることで信仰を集めてきた。国家の動きにあわせて神仏習合による八幡《はちまん》神として信仰を拡大させた結果、宇佐神宮は九州全域に二万町歩を超す荘園を有する屈指の荘園領主となり、田染荘はそのなかでも「本御荘《ほんみしょう》十八箇所」と呼ばれる基本荘園の一つとなった。

先の田渋の条里地帯から桂川の上流をさかのぼると、耶馬渓《やばけい》に似ていることから田染耶馬と称される奇岩名勝の渓谷があり、そこを経て源流近くに田原《たわら》の谷が広がるが、この地は天喜五(一〇五七)年に紀季兼《きのすえかね》が開発し、宇佐大宮司公則《きんのり》に「荒野の地たれば、すみやかに開発し子孫まで領掌すべし」と認められた田原別符《べっぷ》である。別符とは特別な税徴収の単位で、季兼はこの地の支配と特権を認められたのである。

また条里地帯からやや下流で桂川に注ぐ蕗《ふき》川に沿ってあるのが糸永名《いとながみょう》であって、ここは長寛《ちょうかん》三(一一六五)年五月の関白家下文《くだしぶみ》によって宇佐大宮司昌輔《まさすけ》に安堵されている。名《みょう》も別符と同じく特別税徴収単位である。ここ蕗の地には十二世紀後半頃に阿弥陀堂建築の傑作である富貴《ふき》寺が建立されたが、これは貞応《じょうおう》二(一二二三)年に宇佐大宮司公仲《きんなか》が宇佐氏累代の祈願所である蕗浦の阿弥陀寺に田や荒野を寄進したとある寺のことである。

田染荘内の小さな谷に沿った土地の開発の様子と景観は、棚田の美しい大曲《おおまがり》地区や奇岩の岩山に囲まれた小崎《おざき》地区の台園《だいそん》に認められるが、大曲地区では過疎化が進み、惜しいことに棚田の多くは今や山林に帰してしまったことを最近聞いて、残念でならない。

私が現地に赴いた時にはいつも小崎の地を見下ろす夕日観音を祭る間戸《まど》の岩屋に登ることにしていた。そこから見える水田景観は中世の面影を残すものであって、この地は日本で初めての荘園村落遺跡調査が行われ、現在は荘園の里として保存がはかられ、国の重要文化的景観に指定されている。

盆地に展開する田染とは違い、都甲《とごう》川に沿って細長く展開する都甲荘の領主は、同じ宇佐神宮でも神宮寺の弥勒《みろく》寺であった。都甲川に設けられた大井堰やクボ井堰などの井堰から取水し、平野部に条里水田が開かれたが、ここは永暦《えいりやく》二(一一六一)年三月の宇佐弥勒寺留守所下文によれば、左近大夫《さこんたいふ》源経俊《つねとし》が「石丸垣廻領」を本拠に開発と再開発を進めて弥勒寺に寄進し荘園化したものという。

村と寺の景観

都甲川をさかのぼる加礼《かれ》川や長岩屋《ながいわや》川に沿った地には、「払《はらい》」と称される開発地があり、近くに造られた岩屋や寺などの経済を支えていた。加礼川に沿ってある西坊・常泉坊・峯坊の三つの坊、虚空蔵《こくぞう》岩屋とよばれる岩屋、都甲谷の中央に聳える標高五百四十三メートルの屋山《ややま》の中腹にある長安寺の伽藍《がらん》などは、払により経済的に支えられていたのである。

屋山の北側の長岩屋川沿いの長岩屋は、谷にある坊集落によって維持されてきており、中央に六所権現社、西に講堂、東に寺堂が狭い谷間の岩壁の下に横一列に並んでいる。前を流れる川中の大岩石には不動尊と二童子が彫りつけられ、川中不動《かわなかふどう》と称されている。

十一・十二世紀頃から国東半島の谷筋に、僧たちは入り込んでゆき、行場としつつ開発を進め、岩屋や寺などの寺院を形成していった。長安寺や天念寺、両子寺、岩戸寺などでは、周囲を坊集落がとりまく景観が形成され、それらはやがて天台宗無動寺の末寺に編成され「六郷満山」と称されたのである。

満山は本山・中山・末山の三山組織からなり、満山大衆の衆議によって組織が運営されていたものとみられている。仁安《にんあん》三(一一六八)年の記録では、寺の数は六十五か寺にのぼり、これらの寺々では八世紀初頭の養老年間に仁聞《にんもん》菩薩によって開かれたという伝承をもつ。

長安寺はその六郷満山の中山本寺にあたり、六郷満山を統括していた西叡山高山寺《さいえいざんこうざん》が衰退した後には、六郷満山を統括する地位を占め、安貞《あんてい》二(一二二八)年の記録では「惣山」と記されている。その長安寺を訪ねると、鐘楼《しょうろう》門の跡から真っ直ぐにのびる参道の両側に坊跡が並んでいて、寺と坊とが一体となった寺院のあり方をよく留めている。

所蔵する木造の太郎天・二童子像は、神仏分離以前は寺の背後にある鎮守の六所権現に祀られていたものであり、その榧《かや》の一木造りの立像の太郎天の胎内には大治《だいじ》五(一一三〇)年の銘があって、この時期の童子信仰をよく物語っている。

六郷満山の仏教文化

六郷満山の文化の特徴は何といっても石の文化にある。各地の寺院の入り口には決まって石像の仁王が立ち、上半身を露出させた憤怒の表情で、片手で金剛杵《こんごうしょ》を振り上げ、口元を「あ・うん」型で表現する。

なかでも国東町岩戸寺の仁王像は文明十(一四七八)年の銘があり、文殊仙《もんじゅせん》寺の仁王と並んで古様の形式をとる。国東町の初八坂《そめやさか》社の像は三メートル近くの大きさである。古様の仁王像は旧千燈寺《きゅうせんどう》(国見町)にもあって、この廃寺境内の鬱蒼たる林のなかには累々と石垣や建物遺構があり、千基をこえる五輪塔や宝塔の存在する様は圧巻である。

田染には磨崖仏も多い。田染の真中《まなか》の元宮八幡の境内の磨崖仏、上野の鍋山磨崖仏など各所に見られるが、よく知られているのが陽平《ひなたびら》の山中にある熊野磨崖仏であろう。鬼が一晩で積んだといわれる急な石段を登った先にあり、右側の如来形は大日如来と伝えられ、左側には不動明王が彫られている。前者は十世紀、後者は十二世紀の作と考えられているが、この二つの時期こそ六郷満山発展の画期であった。

田原別符には旧大田村(杵築《きつき》市)の財前家墓地に元応三(一三二一)年の国東塔をはじめ、中世の宝塔や五輪塔・板碑などが多数残る。国東塔とは、通常の宝塔とは違い、相輪に火炎宝珠《かえんほうじゅ》があり、塔身の蓮座《れんざ》には請花《うけばな》・反花《かえりばな》があって、基壇が二重か三重の独特な形式である。国東塔が谷あいの里山や寺院の境内、墓地・道端など半島のいたるところにさりげなく立つ風景は、仏の里のイメージをよく醸し出している。

石の工作物ばかりでなく、長安寺の銅板法華経や太郎天像をはじめとする文化財は極めて豊富で、田染の伝乗寺《でんじょうじ》の真木大堂《まきおおどう》には木造の阿弥陀如来坐像以下の平安時代の仏像が所蔵されている。富貴寺の阿弥陀堂は、三間×四間の単層での建築で、内陣の須弥壇《しゅみだん》に阿弥陀仏が安置され、内陣後壁には阿弥陀浄土《じょうど》変相図、四天柱には数体の仏菩薩・宝相華《ほうそうげ》・宝珠文を描き、内陣内部の長押《なげし》上小壁の四面には計五十体の定印《じょういん》阿弥陀如来が描かれるなど、奥州平泉の中尊寺の金色堂に比せられる建築である。

こうした仏教文化が栄えた六郷満山では、天台宗寺院の僧たちによって山々をめぐる峰入りの行が早くから行われていたのであるが、その実情がわかるようになるのは元禄十四(一七〇一)年からで、いったん近代になって廃絶したものの、最近になって復活をみた。

熊野磨崖仏の前での開白護摩《かいびゃくごま》に始まり、岩脇《いわわき》寺の前で散華《さんげ》を行い、富貴寺で岩飛びなどをしてその日は長安寺に泊まる。翌日は天念寺を経て、その背後の高い断崖上に掛けられた無明橋を渡り、千燈寺では子供の虫封じを行うなど、各地の寺で行法を繰り返してゆく。三日目には半島の東を廻って、四日目に谷を上がり両子《ふたご》寺に到着し、翌日に結願護摩を行う。百六十キロの行程を行者たちが大先達、先達などの順で行列を組んで廻ってゆくのである。

地域支配の展開

南北朝期以降、村の支配を梃子に勢力を広げていったのが国人領主であり、田染荘の経営にあたるなか、勢力を広げたのが宇佐氏の流れをひく田染氏である。その館跡である小崎の台園の延寿寺の石殿には、「応仁二(一四六八)年大願主宇佐栄忠」という銘が、南側には幅三～四メートルの空濠が認められ、その一隅には「小崎稲荷」という屋敷神が鎮座し、鎌倉末期以後から田染氏の屋敷であったと見られる。

田原別府の地頭大友氏の一族の田原氏は、南北朝の内乱を経て急速に勢力を広げ、観応《かんのう》二(一三五一)年に国東郷の地頭になると、かの飯塚遺跡がある近くに飯塚城を築き、瀬戸内海に面する国東津を外港とし、室町幕府の奉公衆になって勢威を振るった。

国東半島の中央部に近い小文山に本格的な山城である雄渡牟礼《おどむれ》城を築き、半島一帯を支配下におさめたが、ほかにも国東半島一帯には五十か所以上の山城が確認され、大友氏と田原氏との攻防の場となっていた。

田原氏能が永和《えいわ》元(一三七五)年に曹洞宗の無著妙融《むちゃくみょうゆう》を開山に泉福寺を国東郷に建てたのに対し、大友氏の庇護を得た臨済宗の直翁《じきおう》智侃《かん》の弟子たちは半島の西部に宝陀寺《ほうだじ》を建立するなど、天台宗以外にも禅宗が入ってきた。

大友氏が滅んで江戸幕府が政権を握ると、半島の東部が杵築藩、南西部が日出《ひじ》藩、北部が松平島原藩領、その他が幕府領となるなど幾つかに分割された。このうち日出藩は豊臣秀吉の正室の兄である木下家定の子延俊が慶長六(一六〇一)年に入って成立したもので、別府湾に臨んで日出城を築いた。歴代の藩主は学問を好み、文化元(一八〇四)年に稽古堂、安政五(一八五七)年に藩校の致道館を開校した。

杵築藩は細川、小笠原などの支配の後に、尾張能見の松平氏が正保二(一六四五)年に入って成立し、八坂川と高山川の合流点に城を築いた。城下の湊から特産の畳面《たたみおもて》を移出し、城の南側は三川新田として藩が開発し、北側は町人が新田開発をし、領内は六つの手永《てなが》に分けられ大庄屋を置き、その下に庄屋などの村役人が置かれた。

村の学問

安定した体制の成立とともに村の教育が盛んになる。享保八(一七二三)年に現在の国東市安岐《あき》町富清《まちとみきよ》の庄屋の家に生まれた三浦梅園《ばいえん》は、家業である医業を継いでいた父や、西白寺・両子寺の住職の教えを受け、十六歳になって杵築藩の綾部《あやべ》絅斎《けいさい》に師事した後、豊前の中津や長崎に留学し、伊勢・上方に旅をして帰郷した後、条理学と言われる独自の学問体系を築いた。『玄語《げんご》』『贅語《ぜいご》』『敢語《かんご》』の三部作や、経済論の『価原《かげん》』を著すかたわら、私塾梅園塾を設けると、これ以後、故郷を離れることなく、医業の傍らで思考を続け、生涯を閉じる。その読書日記『浦子手記』には、道家《どうか》の『淮南子《えなんじ》』をはじめ、『荘子』や『列子』、また朱子学・仏書など、さらには西洋の天文学説を記した中国の書『天経或問《てんけいわくもん》』と、数多くの書名が記されており、分厚い教養の上にその学問が成立していたことがわかる。

この梅園に学んだ脇蘭室《わきらんしつ》は、明和《めいわ》元(一七六四)年に速見郡小浦村(日出町)の庄屋・脇家の分家に生まれ、天明四(一七八四)年に熊本藩の藩校・時習館《じしゅう》で朱子学を学び、次いで三浦梅園に学んだ後、大坂の中井竹山《ちくざん》の懐徳堂《かいとくどう》で学業を修め、寛政元(一七八九)年、郷里の小浦村に戻って私塾の菊園を開き教育にあたった。

その蘭室が塾を開いてから二年後に入門したのが帆足万里《ほあしばんり》である。万里は大阪の中井竹山や京都の皆川淇園《みながわきえん》にも学び、近くの日出藩の藩校の教授となり、天保三(一八三二)年に家老となって財政改革を行った。改革三年にして致仕した後、私塾西崦精舎《せいえんせいしゃ》を開いて子弟の教育にあたった。三浦梅園の影響を受けて窮理学に関心を持ち、オランダ語を修得してヨーロッパの自然科学をも学んでおり、その著書『窮理通《きゅうりつう》』は日本における自然科学史上での画期的文献である。

このように村を母体に思想が育まれ、教育が行われたのは驚くべきことであるが、ほかにも村の出身ではないものの、杵築藩の儒学者綾部《あやべ》安正《やすまさ》(絅斎)の子麻田《あさだ》剛立《ごうりゅう》は幼いころから天体に興味を抱いて、大坂に出て日本初の天文学の私塾「先事館」を開設し、有能な天文暦学者を育成した。精度の高い暦を作成するため、日食・月食の観測を続け、宝暦《ほうれき》七(一七五七)年から四十一年間にわたっての観測記録が残っている。

村の祭りと年中行事

近世になってから仏教文化の担い手になったのは村であって、祭りのなかに仏教文化を取り込んでいった。たとえば正月の修正鬼会《しゅじょうおにえ》は、村の松明《たいまつ》入れ衆が水垢離《みずごり》をして松明を寺の講堂に献じたのに始まり、香水棒《こうずいぼう》を持っての法舞《ほうぶ》や、鈴鬼《すずおに》による舞がなされ、三鬼の加持《かじ》などの行われた後、鬼が村を回って祈禱し、寺に戻って暴れるところを鎮めの餅を食わせて終わる。天台宗の修正会と鬼会とが同時に行われ、国家安穏・五穀豊穣・延命息災が祈られたのである。

この鬼会は、旧正月に成仏寺と岩戸寺では一年交代で行われ、天念寺では毎年開かれている。国東市武蔵町丸小野の稲荷社では、子どもによる鬼会が天保年間から始められ、今に続いている。神仏習合により村の年中行事として神社でも行われるようになった。

国東の村の年中行事を見てみよう。正月はまず、豊後高田市の若宮八幡のホーランエンヤに始まる。漁民が宝来船《ほうらいせん》を仕立てて桂川を漕ぎ上り、恵比寿社と若宮八幡に参る。二月は修正鬼会が、三月には初午《はつうま》の祭りがあるが、両子寺ではこの初午の時に申し子祈願が行われる。三十三枚の小切れで作った袋に米を入れ、線香・蠟燭《ろうそく》・お神酒《みき》をそなえて子どもが授かるようにと祈禱を受けるのである。

国東町の文殊仙寺の三月の大祭では、参拝者が長い石段を登って奥の院に参り、知恵の仏である文殊菩薩のご利益を祈る。四月にはお田植え神事が各地で行われる。杵築市の若宮八幡のお田植え神事は田植えの順序通りに進められ、安岐町の諸田山《もろたさん》神社や杵築の奈多《なだ》八幡でも同様な田植え神事が行われる。

六月からは各地の神社で神楽《かぐら》が奉納される。そのうち吉弘楽《よしひろがく》は国東市武蔵町の楽庭《がくにわ》八幡に伝わる神楽で、念仏踊り系の風流踊りであるが、九月にも杵築市の若宮八幡で若宮楽が行われる。八月には国東市国見町の伊美別宮《いみべつぐう》社で神舞《かんまい》行事があり、四年に一度海上渡御《かいじょうとぎょ》して山口県上関《かみのせき》町の祝島《いわいしま》まで渡って神楽を奉納する。

十月になると、国見町の櫛《くし》来社でケベス祭りが行われる。これはトウバ組という祭りの当番の男のなかから選ばれたケベスが、組のものたちと火をめぐって攻防を繰り返す祭りである。田原別符のあった旧大田村には十月十七・十八日に白鬚田原《しらひげたわら》神社で行われるどぶろく祭りがある。ジガン組という組織に編成された氏子が醸造した「どぶろく」を参拝者に振る舞うものである。

＊

田染の小崎では「荘園の里」として、人と自然と歴史が融合する田園空間博物館と銘打ち、都市と農村を結ぶ架け橋となることを目的とする「荘園領主制度」が企画され、毎年、「荘園領主（水田オーナー）」を募集している。

御田植え祭や収穫祭などのイベントの参加や農作物の宅配を通じ、また農家民泊での農作業や田舎暮らしの体験を通して、村の文化の継承をめざしているが、この豊かな農村風景が末永く続いてほしいと願ってやまない。

III

食《しょく》

金刀比羅宮境内　「加美代飴」販売風景
金刀比羅宮境内で販売を許可されているのは名物の飴を売る「五人百姓」のみ．数百年の伝統を持つとされる

1 讃岐うどん 平野と海の恵み

◆香川県讃岐平野

地方色があふれている食といえば、うどんがある。腰が弱めの柔らかな博多《はかた》うどんや、触感が柔らかな細目の秋田の稲庭《いなにわ》うどん、そして最近、よく目にする讃岐《さぬき》うどんは、腰があって食べ応えがある。そんなことから、香川県に行った際には是非とも現地で食べようと思っていた。

初めての香川県への旅は、高松藩の大名庭園である栗林《りつりん》公園を鑑賞し、その後、琴平《ことひら》電鉄に揺られながらの金比羅《こんぴら》参りとなったのだが、その車窓からのぞむ田園風景に、田畑や溜池、小さな山々など土地の豊かさが垣間見えてきた。

讃岐というと、瀬戸内海に面しているので、海の影響が強いというイメージがあったが、この平野の存在も大きい、と実感し、さらに金比羅さんの長い石段を登って参拝した後、讃岐うどんを食べていた時に、あの豊かな平野や海が讃岐うどんを生み出したのではないかと直感したのである。

讃岐平野の豊かさ

讃岐平野は、南側を標高七百から千メートルの讃岐山脈が東西に連なり、その北麓に標高六十から二百メートルの丘陵地が広がる。この丘陵の間を縫って急勾配の河川が流れ、扇状地を形成して瀬戸内海へと至る。河川の堆積作用によってできた沖積《ちゅうせき》平野である。

讃岐の国名が初めて見えるのは、海に突出してある屋島《やしま》に関する『日本書紀』の記事であって、天智《てんじ》天皇紀二(六六三)年の白村江《はくそんこう》の敗戦後、唐《とう》・新羅《しらぎ》軍の侵攻に備え、朝廷が讃岐山田郡に屋島城を築いたとある。屋島が瀬戸内海交通の要衝の地であったことによるもので、坂出《さかいで》市の城山の山上にも築造時期は不明ながら古代山城の遺構が残っている。

後に源平《げんぺい》の争乱期に平氏が屋島に内裏《だいり》を設けたのもその要害性に注目してのものだが、平氏の追討を命じられた源義経《よしつね》は、元暦《げんりゃく》二(一一八五)年二月十八日に摂津の渡部から出て、風波の難を恐れず阿波《あわ》に渡海し、阿波水軍の根拠地を急襲、北上して讃岐に向かい、背後から平氏の屋島内裏を攻め、屋島の合戦に勝利したのである。

私が屋島を訪れた日は、よく晴れていたせいもあって、瀬戸内海が見渡せる眺望からしても要害であると思った。ただ平氏が設けた内裏は山上ではなく山麓であったから、そのために義経の急襲にあい、慌てて海に逃れたのである。

平氏が屋島に内裏を設けた理由の一つには、背後に豊かな平野部の存在があったと考えられるが、この平野部の開発にあたった古代豪族は、東讃岐の凡直《おおしのあたい》、中讃岐の綾公《あやのきみ》、西讃岐の佐伯直《さえきのあたい》らであって、このうち佐伯直が五世紀前期に国造となり(『三代実録』)、凡直は六世紀後半に国造となったとある(『続日本紀』)。

開発と溜池

早くから開発が進んだ讃岐平野には条里制の遺構がよく残されている。奈良の弘福寺《ぐふくじ》や法隆寺《ほうりゅうじ》の関係文書からは、天平宝字《てんぴょうほうじ》四(七六〇)年頃には山田郡に条里が整えられていたことがうかがえる。

条里の遺構は讃岐平野の中央から西部にかけて広がっており、高松平野・丸亀《まるがめ》平野・三豊《みとよ》平野などに認められる。律令制下の讃岐の公田《こうでん》数は一万八六四七町もあって、国内の総面積が小さいながら近隣の国々に比して多く、南海道に属する上国であった。『和名抄《わみょうしょう》』によれば、大

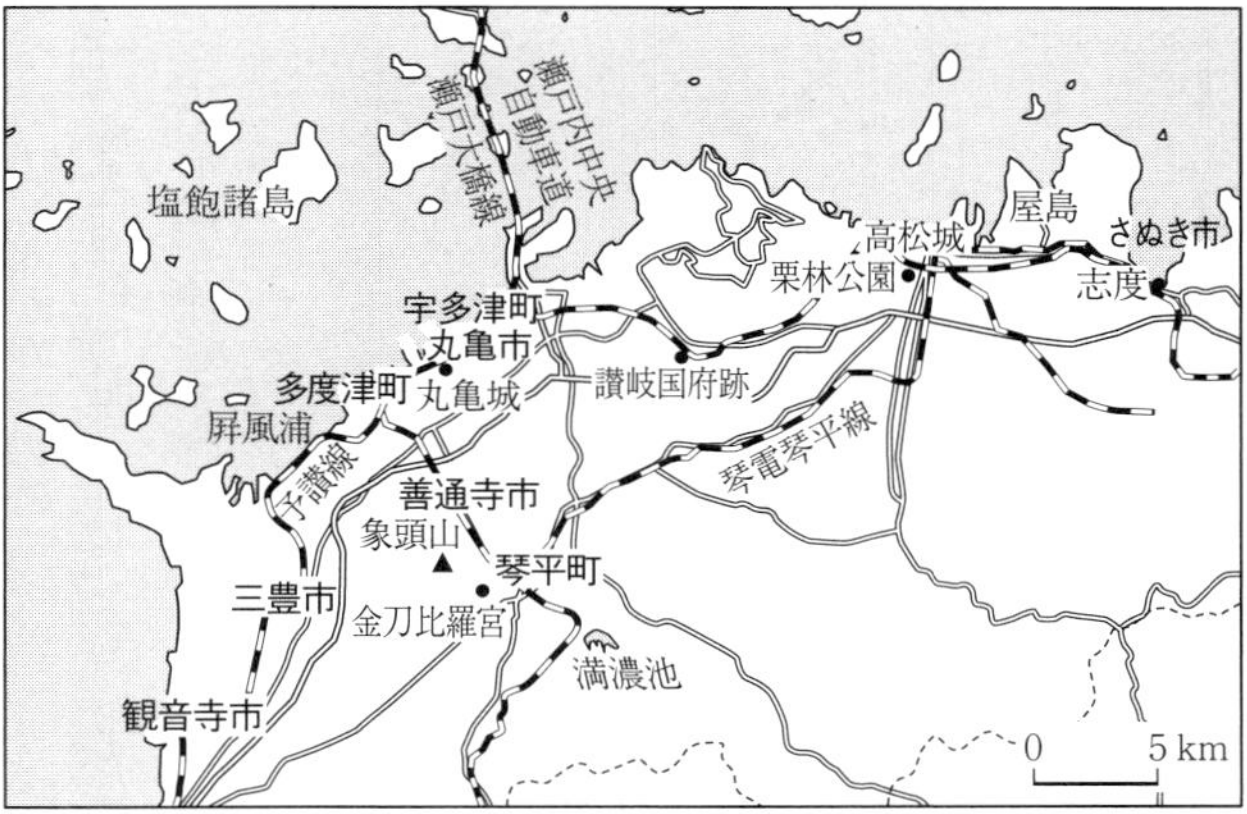

讃岐地方

内郡以下十一郡九十郷からなる。

ただ雨量が少なく大きな河川もないので旱魃《かんばつ》の難があり、『続日本紀』には約百年間に飢饉賑恤《しんじゅつ》関係の記事は十六件もあり、近隣諸国に比べ著しく多い。単に自然に恵まれていたのではなく、不断の努力が讃岐の豊かさをもたらしていたのである。

朝廷は天平宝字八(七六四)年に使者を派遣し、大和・河内などとともに讃岐に池を築かせている(『続日本紀』)。有名な讃岐の溜池といえば弘法大師空海《くうかい》が修築したという伝承のある満《まん》(万)濃《のう》池があるが、これは寛仁《かんにん》四(一〇二〇)年の「万農池後碑文」によると、大宝年間に讃岐守の道守朝臣《ちもりのあそん》がはじめて築いたもので、築造後もたびたび決壊し、なかでも弘仁《こうにん》九(八一八)年の破損は大きく、官使を下して三年がかりの修築であったという。

『弘法大師行化記《ぎょうけ》』所収の弘仁十二(八二一)年五月二十七日の太政官符《だいじょうかんぷ》によると、これより先に築池使が派遣されて修築に当たっていたが、池が大きいのに民が少ないため、築成は期し難い状態にあったところ、在地の郡司らが農民らの慕うこと「父母の如き」空海が池の修築のため来てくれるならば、喜んで集まって協力するであろう、と訴え出た。

その申請が認められ、空海が池の堤の側に護摩壇《ごまだん》を設けて工事の完成を祈ると、農民が群集して工事に当たった、と伝えられている。「池とは思えで、海などとぞ見えける」(『今昔物語集』巻三十一の二十二話)といわれた海にもまがう大池が、那珂《なか》・多度《たど》両郡の田地を潤したのである。

讃岐の富と仏教

空海は宝亀《ほうき》五年(七七四)年に多度郡の屏風浦《びょうぶがうら》(仲多度郡多度津《たどつ》町)に佐伯直田公《たぎみ》と阿刀大足《あとのおおたり》の娘の間に生まれ、都に出て大学寮に入り明経道《みょうぎょうどう》を学んだが、大学での勉学に飽き足らず、諸寺で山林修行に入り、土佐の御厨人窟《みくろど》(高知県室戸《むろと》市)で修行をしていた時、口に明星が飛び込んできて、悟りを開いたという。

儒教・道教・仏教の比較を論じた『三教指帰《さんごうしいき》』を著し、俗世の教えが真実ではないことを知って、大陸に渡って密教を将来し、先祖の佐伯氏建立の生まれ故郷にあった善通寺《ぜんつうじ》(善通寺市)を修造して(『弘法大師御伝』)、これが後に弘法大師の霊場として崇められるところとなった。空海の弟真雅《しんが》は弘福《ぐふく》寺別当となり、貞観《じょうがん》寺を御願寺となすなど真言宗の興隆に尽した。

空海・真雅に続く讃岐出身の宗教者が、那珂郡金倉《かなくら》郷(善通寺《ぜんつうじ》市)に生まれた天台宗の智証《ちしょう》大師円珍《えんちん》である。幼少時から経典になじみ、比叡山《ひえいざん》に登って義真《ぎしん》に師事した後に入唐して帰国した後、しばらく金倉《こんぞう》寺を整備していたが、その後、比叡山の山王院に住み、貞観十(八六八)年に延暦《えんりゃく》寺第五代座主となり、三井寺《みいでら》を伝法灌頂《でんぽうかんじょう》の道場とした。

『延喜式《えんぎしき》』によれば、讃岐国からは米や麦、紙、円座《わろうだ》、綾・絹、陶器、塩などが都に送られており、朝廷で必要な日用品が生産され運ばれていたことがわかる。この豊かな讃岐には、平安時代には藤原保則《やすのり》・紀夏井《なつい》・菅原道真らの有能な官人貴族が国司に任じられて、受領《ずりょう》として一国の経済を握っていたが、この富を求め伊予国から乱入したのが藤原純友《すみとも》であって、天慶《てんぎょう》三(九四〇)年には讃岐国府を襲撃し財物を奪い放火している(『扶桑《ふそう》略記』)。国府は阿野《あや》郡甲知《こうち》郷(坂出市府中町)にあり、倉庫跡・井戸跡・柵列跡などが出土している。

陸上交通では引田《ひけた》以下六駅が置かれ、海上交通も盛んであったことは、櫃石島《ひついしじま》大浦浜《おおうらはま》遺跡(坂出市)の祭祀遺物や菅原道真の「寒早十首《かんそうじっしゅ》」中の賃船の人の詩(『菅家文草《かんけぶんそう》』)からうかがえる。

仁和《にんな》四(八八八)年に讃岐守になった菅原道真は城山《きやま》神に雨を祈った祭文を記し(『菅家文草』)、そのなかで讃岐には八十九郷あり、二十万人はいる、と述べている。

空海や円珍を輩出した讃岐は、寛仁二(一〇一八)年に、国の公役を勤める寺が善通寺ほか二十八か寺もあったというが、これも讃岐の豊かさと無関係ではない。国分寺は阿野郡新居《にい》郷(高松市国分寺町)にあって、金堂跡・塔跡の礎石などがよく残されている。このようなところから讃岐は信仰・修行の場となっていった。

十一世紀にはすでに四国の地を巡る修行が行われている。『梁塵秘抄《りょうじんひしょう》』三〇一番には、忍辱《にんにく》の袈裟《けさ》を肩に掛け、笈《おい》の箱を背負って四国の海辺を巡り歩く山林修行の様が歌に詠まれており、同三一〇番の山林修行の霊験所を列挙した今様は、「讃岐の志度《しど》の道場」で終わっている。

讃岐では平野部に点在する小さな山々が信仰と修行の場となり、修行者の話は数多く見えるが、そのなかで興味深いのが『今昔物語集』巻十九の十四話に載る「讃岐の源大夫」の話である。多度郡の源大夫は、「心極て猛くして、殺生を以て業とす」という殺生に明け暮れする生活の日々を送り、「人の頸を切り、足手を折らぬ日は少なくぞ有ける」という、人を殺傷する悪行を日常のごとくしていた「悪人」であって、「国人」から恐れられていた。

その源大夫が郎等を連れての狩の帰り道、ある堂に立ち寄って講師の話を聞き、質問しているうちに、発心して出家したばかりか、さらに阿弥陀仏を求めて西に旅し、海の見える木の上に登って、阿弥陀の声を聞いて往生を遂げたという。この話は武士の往生として様々に伝えられ、後世に大きな影響をあたえることになった。

讃岐の受領と流人

院政期になると、讃岐の富は院政の重要な経済的基盤となった。白河院による鳥羽離宮《とばりきゅう》の造営は讃岐守高階泰仲《たかしなのやすなか》が請け負ったもので、陶《すえ》西村遺跡(綾歌《あやうた》郡綾川町)の窯跡から出土の複弁八葉軒丸瓦は、鳥羽南殿跡から出土したのと同じものとわかっている。

讃岐の受領はいずれも院の有力な近臣であり、白河院の近臣の平正盛《まさもり》や藤原家保《いえやす》、鳥羽院近臣の藤原家成《いえなり》、後白河院近臣の藤原俊盛《としもり》などは、いずれも讃岐を知行《ちぎょう》して院の御所や御願寺の造営にあたった。保元《ほうげん》の乱後に藤原信西《しんぜい》が諸国の国力を勘案して大内裏《だいだいり》の殿舎《でんしゃ》の造営を担当させた時、「殿」と名がつく大型建物は、裕福な国の受領に担当させたが、讃岐には校書殿《きょうしょでん》が割り当てられた。

このように讃岐は院や女院、その近臣の知行国になり、経済的基盤とされることが多かったので、他国に比して荘園の数は少なく、荘園は五十余りほど知られていても、多くは院が成立に関わっていた。

こうした讃岐の環境から、しばしば罪人のいっときの配流地とされた。保元の乱に敗れ讃岐に流された崇徳《すとく》上皇も当初はそう考えていた。そのため上皇は帰京を祈り後世の勤めに励み、仏道に深く傾倒して、極楽往生を願って五部大乗経（法華《ほけ》・華厳《けごん》・涅槃《ねはん》・大集《だいじつ》・大品般若経《だいぼんはんにゃ》）の写本を作り、戦死者の供養のためにそれらを京の寺に収めてほしいと朝廷に差し出した。

だが朝廷は写本を受け取らず送り返してきたことから、激怒した上皇は自分の舌を嚙み切って、その血で写本すべてに「日本国の大魔縁となり、皇を取って民とし民を皇となさん」「この経を魔道に回向《えこう》す」と書き込んだという（『源平盛衰記』）。

上皇の願いも空しく帰京が認められないまま、長寛二（一一六四）年八月に亡くなると、生前から親交のあった歌人の西行《さいぎょう》が、その三年後に讃岐に渡って院の在所の松山を訪れ、白峰《しらみね》山上の陵に詣でて、その霊の鎮魂を祈って「よしや君昔の玉の床とても　かゝらむ後は何にかはせむ」と詠んでいる。

その後、西行は弘法大師が生まれて修行した善通寺の近くに庵を結んで修行し、空海が生まれたとされる地をも訪れ、そこに垣がめぐらされ、松の木が植えられていることに深く感動し、空海修行の場と伝えられる曼荼羅《まんだら》寺（善通寺市）の行道所にも登っている。

鎌倉時代には専修念仏を創始した法然《ほうねん》が流された。『選択本願念仏集《せんちゃくほんがんねんぶつしゅう》』を著して広く貴族や武士の信仰を獲得してゆくなか、比叡山や南都の大衆の蜂起によって流罪となったものであり、建永《けんえい》二(一二〇七)年三月に讃岐に到着し、小松荘の内の生福寺《しょうふくじ》に落ち着いた。国中霊験の地を巡礼し、善通寺にも詣でて、承元《じょうげん》元(一二〇七)年十二月に赦免《しゃめん》され京に帰っているが(『法然上人絵伝』)、それを契機に浄土宗の信仰は広がった。

ついで高野山執行《しぎょう》の僧道範《どうはん》が仁治《にんじ》四(一二四三)年に讃岐に流罪となった(『南海流浪記』)。道範は各地の霊場に赴き、善通寺に空海の御誕生院を建立し、帰山するまで、たびたび講筵《こうえん》の会を開き、人心を教化した。

廻船業と金比羅信仰の広がり

讃岐平野の産物が瀬戸内海を経て各地にもたらされた関係から、中世後期になると廻船業《かいせん》が盛んになり、大内《おおち》郡の三本松・引田湊、西讃岐の宇多津《うたづ》・多度津などが重要な湊となった。文安《ぶんあん》二(一四四五)年の『兵庫北関入船納帳』に載る摂津の兵庫北関を通過した讃岐船の積荷には、米や塩・豆・鰯・材木などがあり、宇多津には四十七回もの寄港が数えられ、塩や麦・豆・胡麻・塩鯛・干鯛・鰯などを運んでいた。

近世に入ってからは、寛文《かんぶん》十二(一六七二)年に河村瑞軒《かわむらずいけん》により西廻り航路が開かれたことから、これに従事した塩飽《しわく》諸島の廻船が幕府に雇われ、幕府領の年貢米を運ぶ城米船として活躍した。延享《えんきょう》から寛政年間にかけての十八世紀後半、石見《いわみ》の浜田《はまだ》の廻船問屋但馬《たじま》屋には、讃岐の庵治《あじ》浜村浦から五十五艘もの船が入った記録がある(『諸国御客船帳』)。

廻船業の盛行とともに広がったのが金比羅《こんぴら》信仰と金比羅詣《もうで》である。その創祀は詳らかでないが、社伝では近くの象頭《ぞうず》山の下まで海が入り込んでいた頃、琴平の地が瀬戸内海航路の要衝であったことから、大物主《おおものぬし》神がこの地を四国・中国・九州経営の本拠地と定めたので、その跡地に大神が祀られたという。金比羅(宮毘羅《くびら》)とは薬師十二神将の一つで仏法の守護神。鰐《わに》魚を神格化し、海の神として信仰されてきたのである。

元亀四(一五七三)年の金刀比羅宮の棟札《むなふだ》には「象頭山松尾寺の金毘羅王赤如《しゃくにょ》神の御宝殿」とあり、この頃から信仰が広まり、大名の生駒《いこま》氏や、寛永十九(一六四二)年に高松藩主となった松平頼重《よりしげ》に社領を安堵されて保護を得た。

西廻り航路が開かれてから全国各地で活躍した塩飽諸島の水夫たちが金比羅大権現の霊験《れいげん》を広く宣伝したので、金比羅信仰は爆発的な流行を見せた。金刀比羅宮の門前には芝居小屋の芝居金丸座が天保六(一八三五)年に建造され、上方・江戸の歌舞伎役者を迎えて歌舞伎が演じら

れ、千両富くじの開札場としてもにぎわった。金丸座は現存する日本最古の芝居小屋である、

近世の平野の開発

平野部の開発は近世に入ると積極的に進められ、灌漑用水確保のために多くの溜池が築かれた。生駒親正《ちかまさ》は天正十五(一五八七)年に讃岐に入部して高松城を、西讃岐支配のために丸亀城を築くとともに、多くの溜池を築造した(『三代物語』)。

そのうち満濃池は寛永三(一六二六)年に執政の西島八兵衛が矢原正直《やはらまさなお》の持つ池の田地の提供を受けて工事を開始し、寛永八年に完成をみているが、その水がかり高は三万五千石にのぼったという。

生駒氏の後、西讃岐に入った山崎家治《いえはる》は丸亀城を再建し、大野原開墾を京都の豪商平田与一左衛門、大坂の備中屋藤左衛門《とうざえもん》らに許可して開発を進めた。高松の松平《まつだいら》藩も、寛永年間末頃(一六四〇頃)に大小あわせて池が九百六十あったところに、旱魃《かんばつ》となった正保二(一六四五)年からは四百六もの池を築き、千三百六十六の池数になったという(『増補高松藩記』)。

大名庭園の栗林公園はこの平野の開発と大きな関係があった。この庭園は紫雲《しうん》山を借景として六つの池(西湖・南湖・北湖・涵翠《かんすい》池・芙蓉《ふよう》沼・潺湲《せんかん》池)が広がる景観で、松平家初代の頼重から

代々改修がなされ、五代頼恭《よりたか》の延享二(一七四五)年に完成した。

ここは高松平野の扇状地末端に位置し、生駒時代に西島八兵衛が香東川《こうとう》河道付替工事をした際に旧河床となった辺りであって、自然湧泉が多く、大池を築造しても満々と水をたたえていた。その水は下流の宮脇村の農業用水に活用されており、六つの池は農業用溜池の役割を果たしていた。

讃岐三白

米の生産とともに、「讃岐三白」といわれる綿・砂糖・塩の三品目の白物の生産が盛んになる。綿の栽培は、十八世紀初頭頃の丸亀城下で、夜間の綿打ちの禁止や綿の旅商人の在方への出商いの禁止などが命じられており、広く行われはじめたようで(『古法便覧』)、元文《げんぶん》元(一七三六)年に木綿と繰綿《くりわた》、天明六(一七八六)年には白木綿五万反が大坂に送られている。

文化四(一八〇七)年の頃に「木綿売り代より外、他国より銀入り候義は御座なく」と称されており、文政《ぶんせい》三(一八二〇)年に領外への綿の積出しは、丸亀城下・三野《みの》郡仁尾《にお》村・豊田《とよた》郡観音寺村・同郡和田浜村に限るという流通統制に乗り出した(『佐伯家文書』)。

砂糖の栽培は、寛政元(一七八九)年に高松藩の大内郡湊村の医師・向山周慶《さきやましゅうけい》が試作に成功してから盛んになった。薩摩からきた関良助《せきりょうすけ》が四国遍路の旅の途中で病んだのを救ったことから、砂糖の製造法を伝授されたという。天保元(一八三〇)年頃に大坂へ各地から送られてきた白砂糖のうちの六〇パーセントは、讃岐産の砂糖が占めていたといわれ、天保六(一八三五)年に高松藩は領内の九か所に砂糖会所を設置して、砂糖の流通・生産に本格的に乗り出し、財政が豊かになった。

塩の生産は古くから行われていたが、近世初期に入浜《いりはま》式の製塩法が播磨の赤穂《あこう》からもたらされて生産力が高まり、寒川《さんがわ》郡の志度浦では生駒藩の松原玄雪が塩田を開いた。寛永十七(一六四〇)年頃には香川郡で生産高が八百石にのぼった。十七世紀後半には丸亀藩領に塩生《はぶ》浜・蟻《あり》ノ首《くび》浜が、宝暦五(一七五五)年には高松藩に亥《い》ノ浜が築かれ、文政十二(一八二九)年に高松藩の坂出の塩浜が久米通賢《くめみちかた》によって築かれたが、その面積は約百町に及んだという。

さて讃岐うどんであるが、琴平では元禄年間ごろからうどん作りが盛んになっている。少雨で日照時間が長いので小麦の栽培に適し、塩田での製塩や、小豆島《しょうど》・引田などでの醤油製造の発達、カタクチイワシから作られるイリコ(煮干し)の出汁《だし》など原材料の確保が容易であったことから、茶店などで菓子と一緒に嗜好品として供されたという。

琴平は十七世紀初頭から門前町として発展を遂げ、狩野清信《かのうきよのぶ》の『金毘羅祭礼図屏風』には、旅宿や芝居小屋、参詣客を対象とする諸施設が見える。この金刀比羅宮《ことひらぐう》への参拝客を相手にした旅籠《はたご》が増えるなか、一階がうどん屋となる例が多くなり、参拝客が船で到着する丸亀や多度津にもうどん屋が作られたのである。なお境内では砂糖を原材料とするべっこう飴《あめ》の加美代《かみよ》飴が売られ、参拝客の土産とされた。

農村経済史

讃岐では農村に新たな技術が投入されて、多くの商品作物が生まれた。綿実・菜種から油を製造する絞油《しぼりゆ》、楮《こうぞ》を原料とする和紙の生産、櫨《はぜ》の実を絞ってつくる蠟《ろう》の生産などがあるが、その農村経済に寄与したのが久米通賢ら技術者の存在であって、この土壌から生まれたのが多芸・多才で知られる平賀《ひらが》源内《げんない》である。

久米通賢は大内郡相生《あいおい》村の馬宿《うまやど》に船舵作り職人の子として生まれ、寛政十(一七九八)年、十九歳の時に大坂で間重富《はざましげとみ》の門に入って数学と天文・地理・測量を学び、文化三(一八〇六)年に高松藩の天文測量方となった。彼が手がけたのは天文関係だけでなく、藩の財政立て直しや洋式鉄砲の研究開発、測量技術を生かした干拓工事や塩田開発をはじめ、揚水機・精米機も考案した。藩の財政収入増加の方策として坂出に塩田を築くことを提言、普請《ふしん》奉行に任じられ、坂出の塩浜を築いて完成にこぎつけた。

平賀源内は寒川郡志度浦に讃岐高松藩の足軽身分として生まれ、宝暦二(一七五二)年に長崎に遊学し、本草《ほんぞう》学とオランダ語、医学、油絵などを学ぶと、家を譲って江戸に出た後は本草・物産学者として名を成し、鉱山の採掘を行ったり、滑稽本や戯文《ぎぶん》を著したりして多芸・多才ぶりを発揮した。この二人の活動からは、平野部の多目的な利用を考えるなかで新たな技術の工夫が考えられていったことがよくうかがえる。

＊

讃岐平野が経済や文化の源泉となって讃岐の歴史的な力を育ててきたことを知ったことから、西行の跡地をめぐり、多度津や屋島の地を訪れ、また平賀源内の旧跡や志度寺を訪れ、改めて腰の強いうどんをかみしめて、そのことを実感した。今後ともこの平野の豊かさを創意工夫によって生かす努力が続くことであろう。

2 若狭もの

流通文化の水脈を見つめる

◆福井県小浜市

若狭小浜《わかさおばま》の郊外には太良荘《たら》という京都の東寺《とうじ》領の中世荘園があって、中世史家の網野善彦はこの荘園に関する膨大な『東寺百合文書《ひゃくごう》』を読み解いて、後に網野史学と称される研究をスタートさせた。

そんなことから日本の通史の企画があって、鎌倉時代を書く機会が私に与えられると、小浜と太良荘を訪ねてみようと調査に出かけた。最初の日は、太良の農村の風景を満喫しながら、文書に記されていた痕跡を求め、村の各地を廻った。

調査は網野氏の指摘を追認するにとどまったものの、ついでに訪れた近くの谷々に散在する古社寺と小浜で食した海の幸を満喫し、次の機会には文化財を中心にじっくり見て廻りたいと思い、何度か訪れるところとなるなか、小浜と京都との結びつきの深さを実感した。

というのも京都の台所と呼ばれる錦小路《にしきこうじ》には、〝若狭もの〟と呼ばれる鰈《かれい》や、小鯛の笹漬け、牡蠣《かき》、フグ、焼き鯖《さば》などが並んでおり、これらは若狭から鯖街道を経て届けられたと知ったからである。ここに浮かんできたのが、流通文化史という視点である。

文化の水脈

毎年、春を呼ぶ行事として知られる奈良東大寺の二月堂で行われる「お水取り」は、勇壮に松明《たいまつ》を振りまわす行事で有名だが、その修二会《しゅにえ》という法会に使われる霊水は、三月十三日の未明に二月堂の下にある「若狭井《わかさい》」から、六人の練行衆《れんぎょうしゅう》が汲み上げることになっている。

この水は若狭小浜の遠敷《おにゅう》川の鵜《う》の瀬から取水され、近くの若狭神宮寺で修二作法などのお水送り神事が行われた後、二月堂の若狭井に送られてきたもので、古代以来、今に至るまで絶えることなく続いているという。

十二世紀初頭に成った『東大寺要録』によれば、天平勝宝《てんぴょうしょうほう》四(七五二)年にインド僧の実忠《じっちゅう》和尚が二月堂を建て、修二会という行法を始めた際、日本国中から神々を招いたところ、若狭遠敷明神が漁猟のために遅れてしまい、そのお詫びに本尊に供える香水《こうずい》を若狭から送りましょう、と言うや、白黒二羽の鵜が二月堂下の岩を破って飛び立ち、その開いた穴からたちまち甘泉が湧き出たが、それが若狭井で、水源は若狭の鵜の瀬という。

鵜の瀬がある遠敷川は小浜平野を流れる北川の支流で、若狭神宮寺がその中流に鎮座し、若狭彦・若狭姫両神を鎮護する寺として和銅七（七一四）年に建てられ、当初は神願寺《じんがんじ》と称されたという（『類聚国史《るいじゅうこくし》』『神宮寺縁起』）。

神社を鎮護する神宮寺の初見は、霊亀《れいき》元（七一五）年の越前神宮寺で（『藤氏家伝《とうしかでん》』）、これは隣接する越前の敦賀《つるが》の気比《けひ》神宮の神宮寺である。九州の豊前宇佐《うさ》八幡《はちまん》宮の神宮寺である弥勒《みろく》寺も天平十（七三八）年に金堂・講堂が創建されているので、若狭の神宮寺もほぼ創建伝承に語られている頃には建てられたのであろう。ただ金堂の瓦は八世紀の後半のものと見られているので、その後に本格的に整備がなされたと考えられている。こうしていち早く京の仏教文化は若狭の小浜平野に入ってきた。

流通と仏教文化

若狭国は七世紀に北陸道の筆頭の国として設置されたが、その大きな理由は、深い入り江が連続する若狭湾で獲れる海産物を朝廷に献上する「御食国《みけつくに》」として扱われたからである。

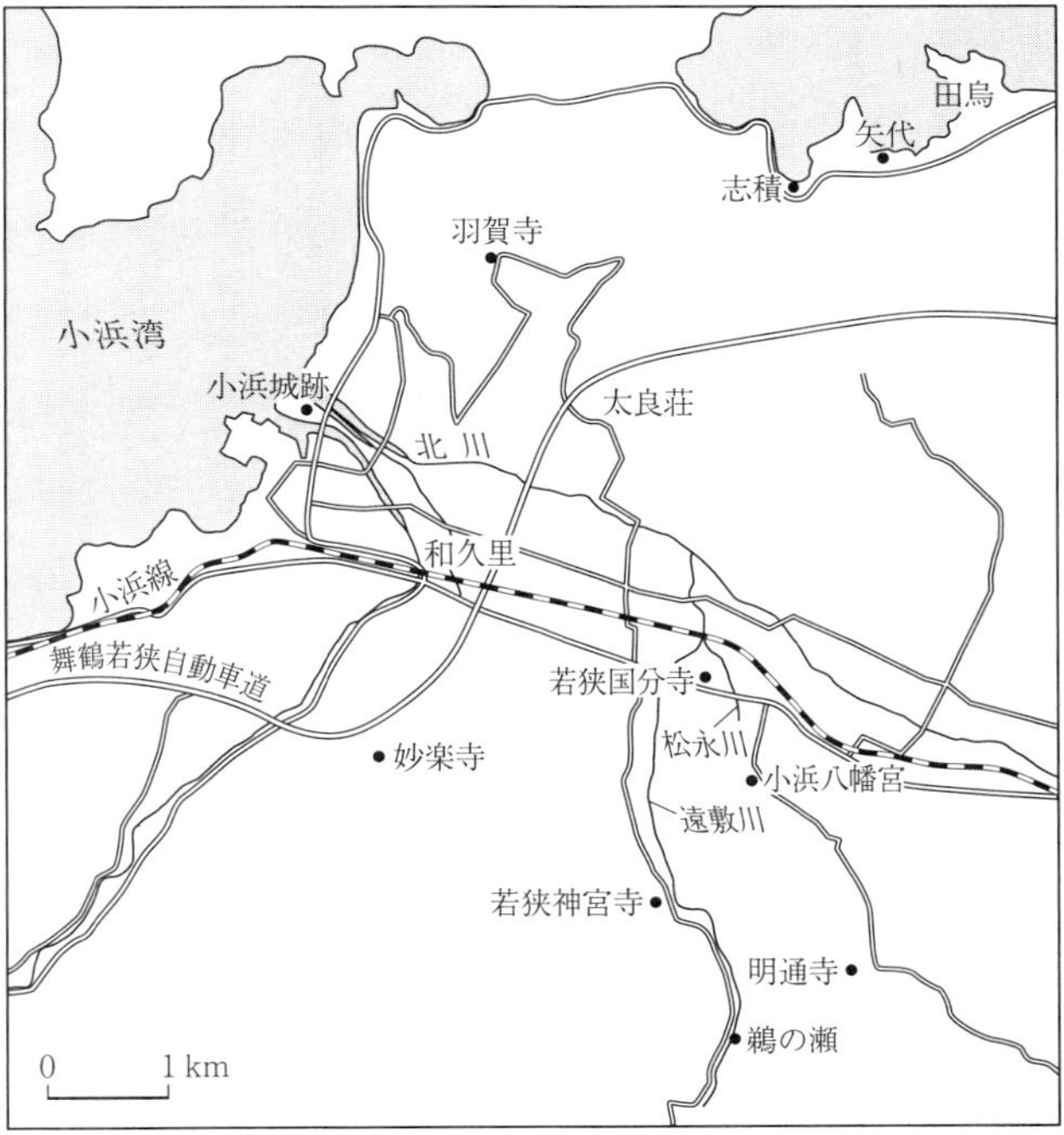

小浜市周辺

平城京跡や藤原京跡から出土した木簡には、若狭から天皇に送られた「御贄《みにえ》」につけられた荷札が多数あることから、若狭の鯛の酢、鰯《いわし》の干物、海胆《うに》、鮑《あわび》、海鞘《ほや》などの魚介が、次々と京へと運ばれていたことがわかる。若狭と都は密接に結ばれており、それゆえ若狭から東大寺に水も運ばれたのである。

　都が平安京に遷ってからは、若狭はさらに都と近くなって関係が深まった。海産物を提供していたことから、京の食文化が九世紀後半の貞観年間から大きく変化してきたことと連動して、より重要度を増すようになった。

その点で注目されるのが、小浜平野を流れる江古川《えご》の近くに建てられた羽賀寺《はが》(小浜市羽賀)である。『羽賀寺縁起』によれば、この寺は霊亀二(七一六)年に行基《ぎょうき》が創建したとされ、天暦《てんりゃく》元(九四七)年の洪水で流出したものの、京の雲居寺《うんご》の僧浄蔵により再興されたという。そのことを物語るのが寺の本尊の木造十一面観音菩薩立像であって、檜《ひのき》の一木造《いちぼくづくり》という貞観文化の観音像と共通した特徴を有し、十世紀初期の作という。

南川に沿って位置する妙楽寺《みょうらく》(小浜市野代《のだい》)は、行基が千手観音を刻んで岩屋に安置していたのを弘法大師が見て、現在地に伽藍《がらん》を建て安置したと伝えられ、この千手観音像も同じく十世紀頃の作、檜の一木造である。京文化との関わりのなかで制作されたのであろう。

小浜と京を結ぶ道

『延喜式』に規定された北陸道は、琵琶湖西岸を北上して鞆結《ともゆい》駅(滋賀県高島市マキノ町)から敦賀の松原駅に至り、そこから関《せき》峠を越えて弥美《みみ》駅(三方郡美浜《みはま》町)に至る若狭方面ルートと、木ノ芽峠を越えて越前に赴く越前方面ルートとに分かれる。

さらに京から若狭には琵琶湖を経由せずに、花折《はなおれ》峠を経て朽木《くつき》からゆく山道のルートが生まれ、若狭と京とは日常的に密接に結ばれた。若狭が北陸道では唯一つの「近国《きんごく》」に待遇されたのはその点をよく物語っている。仏教文化は、これらのルートを経て若狭に流入してきたのである。

北陸道の物産を京へと運ぶルートは、敦賀を経由して琵琶湖から大津を経るのがメインであって、敦賀は大陸との交渉の窓口ともなり、接待館が設けられた。この敦賀ルートのバイパスとして若狭ルートが使われ、十一世紀の越中国司の訴えには、若狭の気山《きやま》津(三方上中郡若狭町気山)の存在が記されているので、そこから琵琶湖湖畔に至るルートもあった。

日宋貿易の主要な港湾は博多であるが、宋の商人たちには都に近い敦賀にやって来たり、敦賀に近い若狭に来航する者もいた。長徳《ちょうとく》元(九九五)年九月、「唐人」朱仁聡《しゅじんそう》・林庭幹《りんていかん》ら七十余人の宋商が若狭に来航した報告があり、朝廷ではその対応をめぐって審議し、若狭から越前に移すように定めている(『日本紀略』)。

寛治《かんじ》三(一〇八九)年には若狭にいた「大宋国商」が難に遭ったことを審議している(『後二条師通記』)。天仁《てんにん》三(一一一〇)年に若狭にいた唐人楊誦《ようゆう》は貿易を求めて、訴状に「若し裁定無くんば、近く王城に参り、鴨の河原の狗《いぬ》のために、骸骨を屠られむ」と恫喝《どうかつ》する文言を書き立てている（『永昌記』）。この後、若狭に現れる宋商の姿を示す史料は途絶えるが、若狭は異国とも文化の水脈はつながっていたのである。

荘園の形成と仏像

若狭には仏教文化が幾つかの波となって及んできている。十二世紀の後半にも仏教文化の若狭への流入が認められ、小浜市千種《ちぐさ》にあった松林寺の木造千手観音菩薩立像は（現在は羽賀寺蔵）、長寛三（一一六五）年の作、その像高は一三五センチ、檜の寄木《よせぎ》造で、平安時代から鎌倉時代にかけての過渡期の仏像の特徴を示している。

同じく松林寺にあったという木造の毘沙門天《びしゃもんてん》像は（こちらも現在羽賀寺蔵）、像高が百六十センチの檜一木造で、それには「僧静秀《せいしゅう》、藤原氏、ほうかいすしやう（法界衆生）の太《た》め也、治承二年七月廿四日」という墨書があって、治承二（一一七八）年の制作とわかる。

松永《まつなが》川に沿って立地する明通《みょうつう》寺（小浜市門前）は、『明通寺縁起』によれば、大同《だいどう》元（八〇六）年に坂上田村麻呂《さかのうえのたむらまろ》により創建されたとあるが、鎮座する薬師如来・降三世明王《ごうさんぜみょうおう》・深沙大将《じんじゃ》などの仏像は平安末期から鎌倉初期にかけて製作されたものと見られている。

このように平安末期から鎌倉初期にかけて多くの仏像が小浜周辺で認められるのは、この時期に荘園が多く若狭で形成されたことと深い関係があった。国内の荘園公領の田数を調査した帳簿の大田文《おおたぶみ》は、十二世紀から広く諸国で作製されていて、若狭国では文永《ぶんえい》二(一二六五)年のものが『東寺百合文書』に残されており、国内の全貌がうかがえる。

これに「新荘」として記載されている荘園は、十二世紀後半に成立の遠敷郡の瓜生荘、大飯《おおい》郡の立石《たていし》荘、三方《みかた》郡の前河荘など計十一荘に及び、その総田数は荘園領全体の四五パーセントに達している。十二世紀後半が荘園形成のピークであったことがわかる。

こうした荘園の形成に動いたのは、承安《じょうあん》四(一一七四)年に長講堂《ちょうこうどう》領の伯耆《ほうき》国の久永御厨《ひさながのみくりや》から濫行を訴えられた稲葉《いなば》時定《ときさだ》のような国衙の在庁官人や、若狭の国富《くにとみ》保を太政官厨家《だいじょうかんちゅうけ》領として形成した小槻隆職《おづきのたかもと》のような下級官人、さらに隣国近江の僧であった。

大田文には、「山門沙汰」として得吉《とくよし》保など、「園城《おんじょう》寺沙汰」として岩松名などの保と称される荘園が多数見えているが、その形成に関わったのは延暦寺の山僧や園城寺の寺僧であって、これらが形成されたのも十二世紀後半からと考えられる。先の松林寺の木造毘沙門天立像の墨書に見えた僧静秀はこうした一人と見られる。僧たちはそれぞれ荘園が存在する谷々の寺に祈りをこめ、仏像を安置したのであろう。

仏教文化と廻船の経済

鎌倉時代後期になると、仏教文化の第三の波がやってきた。まずこの時期に明通寺が僧頼禅によって復興されて、文永二(一二六五)年に落慶《らっけい》法要が行われたが、その本堂は五年後に建立された三重塔とともに今に残っている。同じく妙楽寺も寄棟《よせむね》造檜《ひ》皮葺《わだぶき》の本堂が永仁《えいにん》四(一二九六)年に建立されている。

この時期の仏教文化の担い手はこれまでのものとはやや異なっていて、明通寺には延慶《えんぎょう》二(一三〇九)年からの約四百枚の如法経料足《にょほうきょうりょうそく》の寄進札や、鎌倉時代末に修造のため作成された勧進状が残されているように、広く庶民の寄付によって寺が維持されるようになっていた。

その主要な担い手の一つが若狭湾の浦を舞台にして活動した廻船人《かいせんにん》である。文永九(一二七二)年、多烏《たがらす》浦(小浜市田烏《たがらす》)の大船「徳勝」は、諸国の津・泊・関々を自由に通行できる特権を認められて、それを記した船旗を鎌倉幕府北条氏の家督である得宗《とくそう》から得ている。永仁七(一二九九)年には同浦の泉太郎の船が出雲《いずも》国の「壬尾《みお》津」を往来していたと見えるが、この津は出雲の美保《みほ》津(松江市美保関町)のことと考えられている。

さらに志積《しつみ》浦(小浜市志積)の廻船は、越前の三国《みくに》湊(坂井市三国町)で足羽《あすわ》神宮寺の勧進聖から関料米六石を課徴されており、矢代《やしろ》浦(小浜市矢代)の廻船も三国湊に出入りしていた。御賀尾《みかお》浦(三方若狭郡若狭町神子《みこ》)の船は越前の足羽郡北庄で塩・銭を奪われている。

正和《しょうわ》五(一三一六)年に常神《つねがみ》浦の刀禰《とね》忠国と相論《そうろん》した御賀尾浦の刀禰又次郎の妻乙王女《おとおうにょ》は、父から「フクマサリ」という名の大船一艘と銭貨七十貫文、米百五十石、五間屋一宇、女三人・男二人の下人などを譲られている。乙王女の父蓮昇《れんしょう》は多くの財産を保持し、廻船をはじめとした海での活動を通じて大きな富を得ていたのである。

なお小浜に根拠を置く富裕な借上《かしあげ》の「浜の女房」とその子覚秀《かくしゅう》は、元亨《げんこう》元(一三二一)年に太良荘の名主の未進米や銭を熊野の初穂物で立て替えて、名の半分を手に入れると、翌年には太良荘の薬師堂を修造し、その功によって堂の別当になっている。覚秀は熊野三山の山伏で、「熊野上分物《じょうぶんもつ》」などの米銭を資本に金融活動を行い、太良荘の名主となったのである。

小浜の繁栄

小浜は、鎌倉時代には若狭国衙の税所《さいしょ》が支配する今富《いまとみ》名に属し、鎌倉時代後期から日本海の流通に積極的に関わってきた北条氏の管轄下に入り、その保護により成長してきた。

嘉元三(一三〇五)年頃に、「小浜の地頭代《じとうだい》」は隣接する神護《じんご》寺領西津荘で新儀の非法を働いたと訴えられているが(『京都大学古文書纂』)、この小浜地頭代とは今富名地頭である税所を支配する北条氏得宗の代官である。

北条氏の支配と保護は鎌倉幕府の滅亡にともないなくなるが、南北朝期にも若狭守護が若狭における政治・軍事・海上交通の上で最も重要な地として支配し、小浜を保護した。暦応三(一三四〇)年九月十一日に幕府は守護に対し、臨川寺《りんせん》領の加賀国大野荘の年貢が若狭に着いたならば、「小浜津の問居」に命じて検納せよ、と命じており(『天竜寺文書』)、これ以降、小浜津での交通業者である問の活動が盛んになる。

小浜津の刀禰は、湊に入ってくる船への交通料としての馬足料の徴収にあたり、文和《ぶんな》四(一三五五)年十月九日に守護の細川清氏《きようじ》はこの徴収分のうちの三貫文を大飯郡の大島八幡宮に寄進している(『大谷文書』)。貞治《じょうじ》三(一三六四)年には守護の山名《やまな》氏が今富名支配の拠点である政所《まんどころ》を守護宿所や問の家に置いている。

貞治五(一三六六)年から守護となった一色《いっしき》氏は、小浜八幡宮(小浜市小浜男山《おとこやま》)の修造に力を入れ、同社に多宝塔を造営し、その供養に千部《せんぶ》経を応安年間に奉納したと伝える(『八幡神社文書』)。

太良荘の農民たちは「一日も小浜へ出入候ハでハかなわぬ」と述べているように(『東寺百合文書』)、小浜は近隣農村の交易の中心地となっていた。小浜市の和久里《わくり》にある「延文《えんぶん》三(一三五八)年〈戊戌《ぼじゅつ》〉七月廿二日」「大願主沙弥朝阿」の銘がある高さ三・三メートルにおよぶ宝篋印塔《ほうきょういんとう》は、小浜の「市の塔」と称されている。

こうして小浜が都市として繁栄するなか、天皇家の費用にあてる禁裏料所《きんりりょうしょ》に指定されてゆき、応永十九(一四一二)年十二月に幕府は小浜着岸の鉄船に課す公事《くじ》を直納するように禁裏からの命令を小浜湊に通達している(『若狭国税所今富名領主代々次第』)。文明九(一四七七)年八月六日、若狭守護の武田《たけだ》国信《くにのぶ》は、禁裏料所の小浜の「月充(御供料)」が「国之儀、有名無実」の状態であったので、他の料足で毎月進納していると述べている(『兼顕卿記《かねあききょうき》』)。

禁裏料所となったことから、小浜は諸勢力から守られるところとなり、京の蓮華王院《れんげおういん》の宝蔵にあった絵巻『吉備大臣入唐絵巻《きびだいじんにっとうえまき》』『伴大納言絵詞《ばんだいなごんえことば》』『彦火火出見尊絵巻《ひこほほでみのみことえまき》』などは、戦乱を避けて室町時代に明通寺の所在した松永荘の新八幡宮に所蔵されていたが(『看聞日記《かんもんにっき》』)、これらはおそらく室町院領・松永荘の明通寺に避難されていたものであって、新八幡宮の造営とともに神宝として寄せられたのであろう。やがて近世になって小浜を支配する大名の酒井家の手に入り、今に伝えられるところとなった。

象も、昆布も

小浜は遠く異国や蝦夷地《えぞ》とも結ばれていて、応永十五(一四〇八)年六月には南蛮《なんばん》船が小浜にやって来て、小浜の問の本阿弥《ほんあみ》の家を宿舎となし、「日本国王」足利義満《あしかがよしみつ》への進物として黒象一頭・山馬一隻・孔雀二対・鸚鵡《おうむ》二対などが贈られている。

これらを贈ってきたのは、明の王朝からスマトラ島のパレンバンに派遣されていた宣慰使《せんいし》で、その後も黒鳥や黒象など将軍への進物を何度か小浜にもたらしている。

羽賀寺の堂舎が永享《えいきょう》七(一四三五)年に焼失したことから、翌八年四月から本堂の再建が始まったが、これには奥州《おうしゅう》十三湊《とさみなと》の「日之本将軍」安倍《あべ》(安藤)康季《やすすえ》が莫大な銭を奉加し、文安四(一四四七)年十一月に本尊が遷座となっている。寛正四(一四六三)年には、小浜湊に奥州十三湊と関係のある十三丸という大船が入港した記録も見える(『政所内談記録』)。

こうして日本海経由で多くの物産が小浜を経て京にもたらされるようになった。狂言『昆布《こぶ》売《うり》』は「若狭の小浜の召しの昆布売」を主人公とする話で、若狭で加工された蝦夷産の昆布が京都では有名となっていたことがわかる。

食と街並み

近世になると、京と小浜との関係はさらに密となり、小浜から物産が多く京にもたらされた。その起点となった小浜には慶長五(一六〇〇)年に京極《きょうごく》氏が入部して以来、城下町が整備され、町人地が東・中・西の三組に編成されて賑わうようになった。

十七世紀後半成立の「駄持之覚《だもちのおぼえ》」(熊川区有文書)によれば、小浜の内陸部の熊川宿(若狭町熊川)を通った荷物は、越後ほかの蔵米、鰈《かれい》・あご・干鰺《あじ》・干鱈《たら》、能登の鰯《いわし》・鯖《さば》、小鯛・鱒《ます》・鰤《ぶり》・数子《かずのこ》・鱶《ふか》・鰊《にしん》・昆布など海産物が多くを占め、煙草・厚紙以下の多様な物もみられる。

『稚狭考《わかさ》』には、諸藩からの米や商人米、松前の諸物、筑前の磁物、出雲・但馬《たじま》の鉄、播磨の塩、南部・津軽の材木などもあげられている。こうした流通文化に沿って技術も入ってきて若狭塗《わかさぬり》が始まった。江戸時代初期の慶長年間、漆塗職人の松浦三十郎が中国の漆器作りを基に「菊塵塗《きくじん》」をはじめたのが最初といわれ、その後、弟子が「磯草塗《いそくさ》」を考案し、万治《まんじ》年間には現在に伝わる方法が完成し、小浜藩の酒井家に若狭塗と命名されて保護・奨励された。

酒井家は、酒井忠勝《ただかつ》が寛永十一(一六三四)年に武蔵の川越《かわごえ》から移って小浜藩主となり、京極高次《たかつぐ》が築城していた小浜城を完成させ、老中となって幕政をささえるなどして以来、十五代にわたって酒井家が藩政を握った。

その酒井家の江戸下屋敷に生まれたのが、医学書『ターヘル・アナトミア』の和訳にかかわった杉田玄白《げんぱく》で、『蘭学事始《らんがくことはじめ》』を著し西洋医学の普及に尽くしている。小浜の文化の水脈は江戸ともつながっていたのである。

＊

小浜の食文化の背景には流通文化の水脈があったが、文化の水脈は京都ばかりでなく、江戸とつながり、海路を経て北海道や東南アジアともつながっていたのである。これからもその多様な文化の水脈を広げてゆくことであろうことを、昔からの京の町家に似た奥行きの深い小浜の家々、若狭瓦の建物を見つつ思ったのである。

3

佐渡の味覚

植民文化の力を考える

◆新潟県佐渡市

物心がついた時から知った民謡に「佐渡《さど》おけさ」があり、その歌詞「佐渡へ佐渡へと草木もなびくよ」と佐渡の海の幸に誘われて、いつかは行ってみたいと思っていたが、なかなかその機会がなかった。

こうした事情もあって、たまたま佐渡高校での講演を依頼された時にはすぐに引き受けた。佐渡といえば、流人《るにん》の島と言われ、金銀山遺跡があるなど、中世の歴史を考える私にとって魅力の島であり、しかも周囲を海に囲まれていることから海産物に恵まれていて酒も美味しい、とあれば講演後にはそれらを見、味わうのを楽しみにした。

新潟港から両津《りょうつ》の港につくと、「佐渡おけさ」による出迎えがあり、ついで島内を案内されて見て廻ったがいずれも興味深く、なかでも驚いたのが佐渡の村々に存在する能舞台の数々である。その数は三十以上もあり、かつては八十八もあったという。どうしてこんなに能舞台があるのか。だいぶ傷んだものもあるがどれも本格的である。

よく言われてきたのは、「佐渡には三つの文化がある」という指摘である。その一つは相川《あいかわ》を中心にした武士文化、次が国仲《くになか》平野の貴族文化、第三が小木《おぎ》港などに現れた町人文化という。武士文化とは佐渡金山とそれを管轄する佐渡奉行所があった相川を中心とする文化、次が北の大佐渡山地と南の小佐渡丘陵に挟まれた地溝帯の国仲平野に認められる古代からの貴族文化、そして南佐渡の日本海航路の湊町である小木などに生まれた町人文化である。

これら三つの文化が佐渡の食文化やその味覚に関わっていることはすぐに了解できたが、それとともにいずれもが移植された文化であることが見てとれ、佐渡の歴史的特質として植民文化という側面が浮かび上がってきた。

流人の島

『古事記』に見える日本の国生み神話によれば、佐渡島は大八島《おおやしま》の七番目に生まれたといい、『日本書紀』の神話には「億岐洲《おきのしま》」「佐度洲《さどがしま》」は双子として五番目に見える。佐渡は離島というより、国家の重要な領域として位置づけられていたことがわかる。

その佐渡の初見は、『日本書紀』欽明《きんめい》天皇五(五四四)年に「佐渡島」北方の御名部《みなべ》の碕岸《さき》に「粛慎人《みしはせ》」が来航したという記事であり、『続日本紀』文武《もんむ》天皇四(七〇〇)年には、蝦夷に備えて「越後・佐渡二国」に越後に設けた磐船柵《いわふねのき》の修営を命じる記事がある。

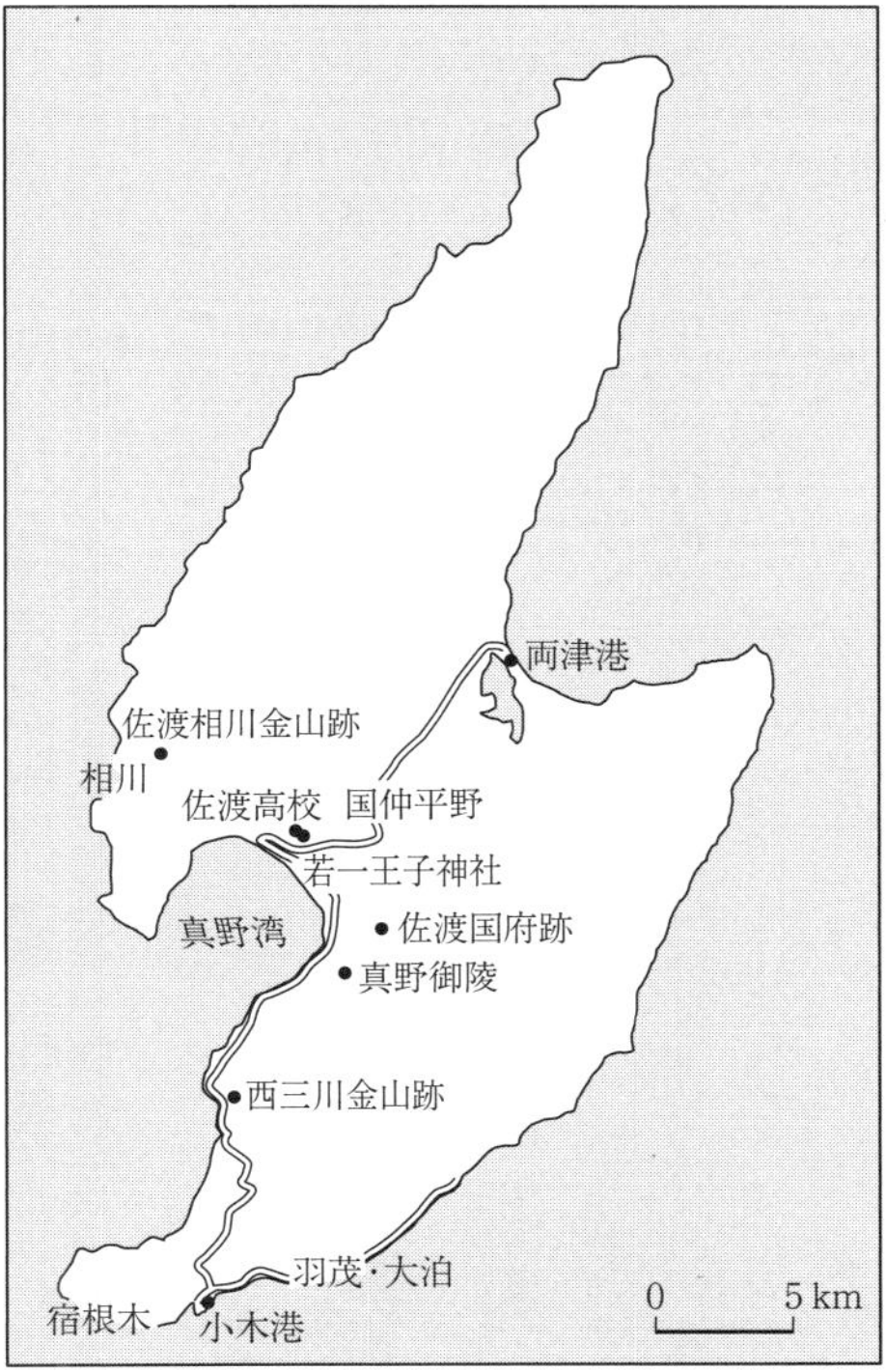

佐渡島

いったん佐渡は越後国に併合されたが、天平勝宝四(七五二)年に再び独立した。これは渤海使《ぼっかい》の佐渡島来朝にともない外国使に応対するためのもので、佐渡は大陸や北への備えとして重視されていた。北陸道七か国の一つで、面積が小さいにもかかわらず「中国」に指定されたのはそのためである(『延喜式』)。

もう一つ佐渡を特徴づけるようになったのが、養老六(七二二)年に穂積朝臣《ほづみのあそみ》老《おゆ》が反逆罪によって「佐渡島」に流されたことにある。これが流人の初見で、佐渡は配流の地とされ、神亀《じんき》元(七二四)年の「諸流配遠近の程」では、伊豆・安房・常陸・隠岐《おき》・土佐諸国と並んで遠流の地とされている(『続日本紀』)。

奈良時代の佐渡の流人は、天平十四(七四二)年に川辺《かわべ》朝臣東女《あずまめ》が塩焼《しおやき》王の乱倫行為に座して流され、天平宝字元年(七五七)に内匠頭《たくみのかみ》安宿《あすかべ》王が橘《たちばなの》奈良麻呂《ならまろ》の与党の嫌疑から妻子ともに流されている。いずれも政治犯としてのもので、平安時代にも、政治犯が保元《ほうげん》の乱や鹿ケ谷《ししがたに》事件などの事件に連座し流されたが、鎌倉時代には宗教者や文化人も流された。

宗教者では正治《しょうじ》元(一一九九)年に流された神護寺の文覚《もんがく》、承元二(一二〇八)年に専修念仏停止で流された法然門下の法本坊行空《ぎょうくう》、文永八(一二七一)年には鎌倉幕府によって流された日蓮《にちれん》などがいる。

移植された文化

文化人といっても基本的には政治犯として流されたもので、承久三(一二二一)年の承久の乱で流された順徳院《じゅんとくいん》、永仁六(一二九八)年の京極為兼《ためかね》の二人はともに優れた歌人である。順徳院は後鳥羽院《ごとばいん》の皇子で歌学書『八雲御抄《やくもみしょう》』を著しており、為兼は『玉葉《ぎょくよう》和歌集』の編者であり、正中元《しょうちゅう》(一三二四)年の正中の変によって流された日野資朝《ひのすけとも》は儒者であった。

こうして佐渡には多くの宗教者や文化人が流され、鎌倉幕府からも流人を受け入れたので、佐渡は流人たちから多大な文化的影響を受けた。佐渡に流罪となった日蓮は、その書状で「法然が弟子充満せり。鎌倉に日蓮を悪《にく》みしより、百十万億倍にて候」と記し、佐渡には法然の弟子が充満していると語っている。

佐渡の文化は流人からの影響とともに、流人の跡を追って佐渡を訪ねてきた人々からの影響も大きい。なかでも日蓮配流の地を訪れる人は多く、日蓮の孫弟子にあたる肥後坊日像《にちぞう》は佐渡の日蓮の旧跡を巡拝し、その後、京都に向かう途中で能登に立ち寄ったことが機縁になって、日蓮宗の能登布教が始まり、さらに京都での布教へと及んでゆく。

後鳥羽上皇の倒幕運動に関わって配流となった順徳院は、在島二十二年の仁治三(一二四二)年に佐渡で亡くなると、その遺骨は死の翌年に侍臣の藤原康光《やすみつ》により京都の大原に移されたが、佐渡にある院の火葬塚という真野御陵《まのごりょう》や、院が住んでいたという泉(佐渡市)の地を訪れる人々も多かった。文和四(一三五五)年には時宗の渡船上人《じしゅうのとせんしょうにん》が順徳院の陵を訪ね、室町時代の永享六(一四三四)年には佐渡に流された能の世阿弥も訪れている。

実は、二度目の私の佐渡行きは、藤原定家の日記『明月記《めいげつき》』を読む研究会の研修旅行として行ったもので、雑誌『明月記研究』で順徳院を特集するにあたって、順徳院や藤原定家の曽孫である京極為兼の流された地を見ることを目的としていた。

能の文化

世阿弥の場合、海路を経て佐渡の大田の浦に着くと、笠借峠《かさかり》・長谷《はせ》を経て新保《しんぼ》の万福寺に宿をとった後、順徳院配流の地である泉に赴いたのだが、やがて合戦が起きたために新保から泉に移り住んだという(『金島書《きんとうしょ》』)。

世阿弥は永享八(一四三六)年二月まで在島していたことが知られ、その跡を追って訪ねる人々もいた。天文二十二(一五五三)年に河原田《かわはらだ》城の城主・本間貞直《ほんまさだなお》の招きで来島し演能した観《かん》世《ぜ》七代目の元忠《もとただ》はその一人である。本間氏は鎌倉時代に佐渡守護だった北条氏の守護代として勢力を広げ、流人の管理にあたっていて、貞直はその流れを汲む一族である。

流人の文化人や宗教者の跡を訪ね来島する人々が相次ぐなか、彼らによってもたらされた文化が佐渡に根づいてゆく。能についてみれば、慶長九(一六〇四)年に佐渡奉行となった大久保《おおくぼ》長安《ながやす》が奉行所で能を催しており、長安の建立した相川の下戸《おりと》春日神社には正保二(一六四五)年建立の能舞台が現存する。

やがて佐渡各地には村ごとに能舞台が建てられてゆき、延宝四(一六七六)年の中原村(佐渡市)の若一王子《にゃくいちおうじ》神社での「祭礼能」が村の能の文献上の初見という。連歌《れんが》では、大永三(一五二三)年に連歌師宗長の弟子宗礼《そうれい》が、島の南部の羽茂《はもち》の大泊《おおどまり》に上陸して連歌を伝えたとされ、江戸時代には羽茂村で月次の連歌が行われ、連歌衆のほか村の人々も参加していた。

金銀の島

三度目の私の佐渡行きは、世界遺産登録に関連してのものであった。佐渡各地の金銀山を見て回ったのだが、佐渡の金銀山の始まりは、『今昔物語集』巻二十六の十五話「能登国掘黒鉄、行佐渡国掘金語」に見える次の話である。

能登国で鉄の鉱石を採り、国司に納めていた鉄堀の長《おさ》が、「佐渡の国には、黄金の花が咲いている所がある」と語っていたのを、偶然に聞きつけた能登国司の藤原実房《さねふさ》が、男を呼び寄せ、佐渡に行って黄金を採って来るように頼んだ。男が「小船一つ、食料を少しいただいて渡り、試みに掘ってみましょう」と応じたので、その通りにしたところ、一月ほど経って現れるや、黒っぽい包みを国司の袖の上に置いて、そのまま姿をくらました。

国司が包みを開くと、中身が黄金で千両もあったので、手分けして男を探させたのだが、遂に行方はわからずじまいに終わり、このことから「佐渡の国で黄金を掘るのが良い」「その長はきっとその後も掘ったことであろう」などと能登の人は噂していた、という。

この話に見える、佐渡で最も早くから開かれた金山と考えられようかと案内されたのが、島の南西部にある西三川《にしみかわ》金山であり、ここでは今でも川中から砂金が掬《すく》える、といわれた。他地域ならば過疎化していそうな山中の村であるが、自然に恵まれ、生き生きとしていた村には驚かされた。

佐渡の黄金伝説がこのように昔から流布していたこともあって、多くの人々を佐渡へといざなったと考えられるが、黄金伝説が現実となったのが戦国時代から本格的に始まる金銀山の開発である。越後の商人外山茂右衛門《とやましげえもん》が天文十一(一五四二)年に島の中西部に鶴子《つるし》銀山を開発したのがその最初という。

佐渡の金銀山の開発

この金銀山の富を求めた戦国大名の越後の上杉氏は、天正十七(一五八九)年に執政の直江兼続《なおえかねつぐ》が軍勢を率いて侵攻し、沢根湊《さわね》から上陸して河原田城を落として佐渡を支配下においた。私が最初の旅で講演した佐渡高校は、この河原田城の跡の高台に建てられたものであって、高校には多くの佐渡関係の文献が寄贈され、舟崎文庫として知られている。

上杉氏の佐渡支配は豊臣秀吉に認められ、上杉氏が秀吉に納めた金の量は全国の総量の六割に及んだという(『伏見蔵納目録』)。石見銀山から来た山師たちが鶴子銀山の開発を進め、近くの相川銀山をも開いた結果である。

やがて徳川幕府の管轄となって、慶長五(一六〇〇)年に越前の敦賀の商人田中清六が相川・鶴子銀山の代官に起用され、同八年には甲斐《かい》武田氏の旧臣の大久保長安が佐渡奉行になると、石見・伊豆などから多くの山師を招いて厚い保護を与え、鉱山開発を積極的に行った。相川には多くの人々が集まり、山師の名を冠した町々からなる鉱山都市が生まれた。

私がその相川金山を訪ねた時には、坑道を見学し、佐渡金山を象徴する「道遊《どうゆう》の割戸《わりど》」と称される鉱山跡を間近に見た後、その裏手にかつて栄えた「上相川千軒」と称される鉱山町を踏査し、廃墟と化した町の繁栄をしばし偲んだのであった。

大久保長安が相川に設けた佐渡奉行所は、現在、建物が復元されているので、これも見学した後、その周辺の役人が居住していた武家町の跡を歩いて、そこから下った浜辺に展開する相川の町人町をも散策した。ここは「佐渡国に金山繁昌して、京、江戸にも御座なき程の遊山見物、遊女ら充満す。国々より来る金ほり、町人等、かやうの遊興にふけり」と、その繁栄する様が謳歌されたのであって、往時は五万人にのぼる人口で賑わったという。

長安建立の大安寺《だいあん》(浄土宗)や、相川の大商人山田吉左衛門建立の本典寺《ほんてん》(日蓮宗)など多くの寺院も建立され、慶長八(一六〇三)年と寛永六(一六二九)年の二度、相川の町割《まちわり》がなされた。

文化の流入

鉱山開発の面では灰吹き法の精錬技術とともに、水銀アマルガム法の導入による精錬所が相川に建てられ、越中から相川に移住した算学者の百川治兵衛《ももかわじへえ》らが鉱山の測量術をもたらした。富と賑わいを求めて佐渡に赴いた人々は多種多様にわたり、それとともに各地に町人町が成長していった。

文化や人が佐渡に入ってきた道筋であるが、古代北陸道は越後の渡戸駅《わたりへ》から船で日本海を渡って佐渡の松崎駅に着き、そこから三川駅・雑太駅《さわた》を経て佐渡国府に至るもので(『令集解《りょうのしゅうげ》』)、中世も基本的にはこのルートが使われてきた。

近世になって金銀山が開かれてからは、金銀の運上のために小木の湊町が栄えるようになった。佐渡の南岸に位置する小木は、『佐渡年代記』の慶長十九(一六一四)年に「今年、小木町をひらき渡海場に定む」とあって、対岸の出雲崎《いずもざき》が幕府領となった頃から運上金銀の渡海場となった。それにともなって金山のある相川町を結ぶ小木道中が整備され、この街道を運ばれた金銀は小木から対岸の出雲崎に積み出され、江戸へと向かったのである。

寛文十二(一六七二)年に幕府の命で河村瑞賢が日本海を回る西廻り航路を整備すると、小木はその寄港地に指定されて番所が置かれ、湊の内に幅七間半の潮通しの堀割(運河)が造られた。幕末に出雲崎から小木に渡った吉田松陰は、ここを「凹然《おうぜん》として容るるあり。好《よ》き馬頭《ばとう》なり。以て大船を泊すべし」と記し、良好な「馬頭(波止場)」のある港であると語っている(『東北遊日記』)。北海道の江差《えさし》の廻船問屋関川家の入船帳には、佐渡船として六十隻を載せるが、小木湊の西の宿根木《しゅくねぎ》集落はこうした廻船問屋の基地であって、その往時の賑わいは今に国の重要伝統的建造物群保存地区として保護・保存されている。

佐渡へと草木もなびく

文化や芸能は小木経由で入ってきた。「佐渡へ佐渡へと草木もなびくよ」と謡う民謡「佐渡おけさ」の元歌は九州熊本の「はいや節」といわれ、それが小木に流入して「おけさ節」として流行したという。佐渡の人形芝居の「のろま人形」は、江戸の人形芝居の合間に演じられていた野呂松《のろま》人形が伝えられたものといわれる。

幕末の官僚・川路聖謨《かわじとしあきら》は佐渡奉行となり、天保十二(一八四一)年三月に佐渡を巡見したが、その日記に佐渡が江戸にもまさる芸能の流行の地だったと記している。

佐渡風俗に都のもの及びがたきは、子供まで帯刀人に本読まざるはなく、少々立ち上がりたる町人は謡・太鼓、又は笙鼓《しょうこ》の遊びをなし、大成るは能舞台などあり候由。坐頭を呼び、酒席にて平家をかたらせ、銘々一さしずつも舞ひ、又謡ひて楽しむ也。

こう記した聖謨が水戸藩の藤田東湖《とうこ》に佐渡の体験を話した内容も興味深い(『見聞随筆』)。佐渡の繁華、商売の狡猾さは、ことごとく江戸の雛形であって「江戸の外に佐渡にまさる国なし」と人々は自負しており、「海外異朝の人より日本の人を見る時は、恐らく我れ佐渡人を見るが如くならん」と、佐渡人は日本人の典型とも記している。まさに佐渡は日本各地の文化を十分に吸収し、植民文化が根づいていたのである。

しかし佐渡に渡るには今でもそうだが、日本海の荒海がしばしばさえぎってきた。そのため私が佐渡に行ったのは夏や秋で、鰤《ぶり》やカニ、牡蠣など美味しいのが獲れるのは冬だから冬にいらっしゃいと言われてはいるが、荒海が怖くて未だに冬には佐渡に行っていない。

吉田松陰は会津から新潟に赴きそこから佐渡の水津《すいづ》(両津)に渡ろうとしたがうまくゆかず、出雲崎からの渡航を計画し、着いてから十日にしてやっと成功している。渡ると松陰は相川金山の坑道にまで入って見学している。松陰は美味を食し、島内を回ったことであろう。やがて進路を蝦夷地に向け津軽半島にまで赴いている。

奥州から下ってきた芭蕉は佐渡を目の前にして「荒海や佐渡に横たふ天の河」の歌を詠んでいる。佐渡に渡りたくてもできなかったのかもしれない。この海の隔たりこそが、植民文化を育てたことも否めない。

*

小木街道沿いの真野の旧家である山本家を訪れた時、そこで所蔵されている屏風を見せてもらったところ、様々な色紙とともに京都の八坂《やさか》神社(祇園《ぎおん》社)の中世文書が貼り付けられていたのにはびっくりした。様々なルートを経て文化が佐渡に入ってきたことがよくわかる。

佐渡には、古来の日本の文化がまだ息づいて残っている、佐渡から送られてきた「おけさ柿」やイカを食べながら、今後、佐渡が向かう方向を考えた。世界文化遺産の登録に向けた動きや、トキの生育に向けてきた動きもあるが、さらに積極的に外の文化を受け入れ磨いていってほしいものと思った。

4 宇都宮餃子

食と道の関わり

◆栃木県宇都宮地域

列車に乗って旅行した時、ついついほしくなるのが駅弁だが、駅弁にはそれぞれの地域の香りがあって楽しい。その駅弁の発祥地を調べてみると、明治十八(一八八五)年に大宮と宇都宮間の鉄道が開通し、宇都宮駅の開業とともに白木屋が「汽車弁当」を売り出したのが始まりであるという。

だが宇都宮の食文化では最近は餃子《ぎょうざ》が有名であって、これは戦前に満州から帰ってきた人が広めたものといわれる。日露戦争の最中の明治三十八(一九〇五)年に第十四師団が結成され、満州軍の第三軍のもとに配属され、その師団が戦後になって宇都宮に置かれるようになったことがきっかけだった、という説が有力という。

駅弁も餃子も、ともに宇都宮の特産物と関係するのではなく、このように食に関わって宇都宮が登場するのは、東京からほどほどの距離にあり、交通上の要衝だったからであろう。そのことから歴史をさかのぼって探ってゆくと、古代から宇都宮地域は交通上の要衝であり、それにともなって文化が発展してきたことが見えてくる。すなわち交通文化という点から見ると、他の地域には見られない大きな特色がうかがえるのである。

薬師寺と東山道

古代下野の豪族の下毛野《しもつけの》氏は河内《かわち》郡南部を本貫とし、その一族の下毛野朝臣古麻呂《こまろ》は中央に出て律令の制定に関与し、式部卿に昇進するなど異色の人物であって、その古麻呂の関与により造営されたと見られるのが下野薬師《やくし》寺である。

創建年代は白鳳《はくほう》期の古瓦が出土しているので律令期よりもややさかのぼり、天平五(七三三)年の「下野国薬師寺造司工」の銘のある瓦が出土して、その造薬師寺司所属の瓦工の存在から見て、国家の手により造営・整備されていったことがわかる。

天平勝宝元(七四九)年には筑紫《つくし》の観世音寺とともに墾田《こんでん》五百町が寄せられて経済的基盤が整えられ、天平宝字五(七六一)年に僧尼に授戒する戒壇《かいだん》が設けられて、東大寺・観世音寺ととも

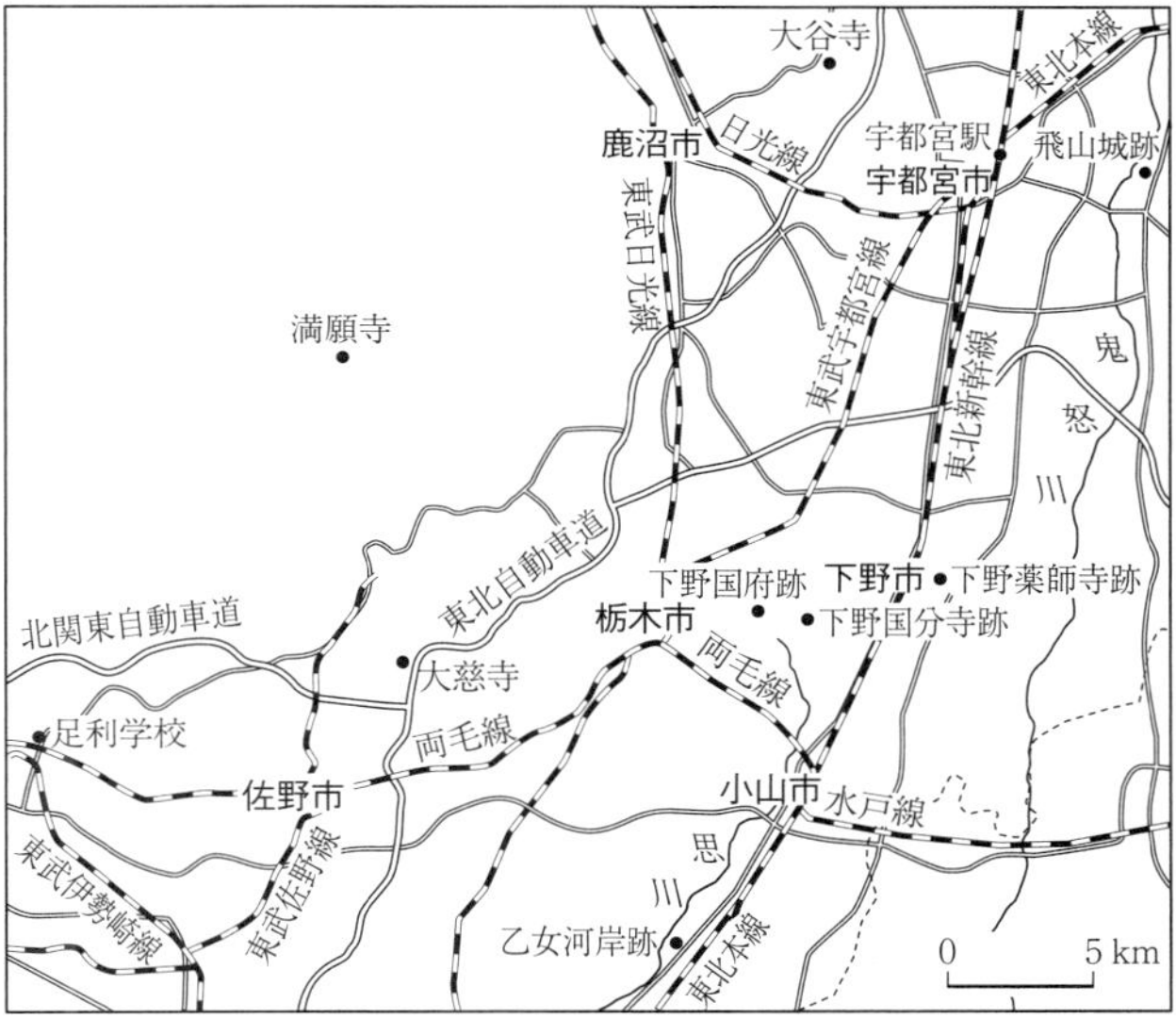

宇都宮周辺

に三戒壇の一つとされ(『東大寺要録』)、坂東《ばんどう》十か国の沙弥《しゃみ》・沙弥尼はここで受戒し、「体制巍々《ぎぎ》たり、あたかも七大寺の如し」と称されるような大伽藍に拡張された。

薬師寺が置かれたのは、都と地方を結ぶ政治上の重要な官道である東山道《とうさんどう》が通る交通上の拠点だったことが大きい。古代の官道は大路・中路・小路に分類され、東山道は大路の山陽道につぐ中路で、陸路として安定していたので、朝廷の重要な軍事的基盤となった東国をつなぐ幹線とされたのである。京を出て信濃《しなの》・上野を経て下野に入る東山道は、ここ薬師寺から北上して陸奥国へとつながる。薬師寺は段丘上にあって回廊の一部が復元されているが、その規模の大きさには驚かされる。

東山道を薬師寺から北上すると、宇都宮市の鬼怒川《きぬ》の河岸段丘上に至るが、ここは中世の宇都宮氏の重臣芳賀《はが》氏によって築かれた飛山《とびやま》城の跡地であって、その調査をしていたところ、城が築かれる以前の平安時代の竪穴《たてあな》建物跡が見つかり、ここから「烽家《とぶひや》」と墨書された須恵器《すえき》坏《つき》が出土した。烽《とぶひ》とは狼煙《のろし》のことで、ここには古代の狼煙を上げる施設が設けられ、奥州からの変事を伝える烽は、ここで揚げられ下野国府へと伝えられたのであろう。

東山道の遺構も近年の発掘調査によって下野市・宇都宮市・さくら市・那須烏山市など計十八か所で認められる。そのうち下野市の北台《きただい》遺跡で発掘された東山道跡は、久保公園(旧国分寺町)に復元されているが、幅が十メートルにも及ぼうかという真っ直ぐな道であることに驚かされる。

東山道を往く

下野の東山道の宿駅は、『延喜式』によれば、足利・三鴨《みかも》・田部《たべ》・衣川《きぬがわ》・新田《にった》・磐上《いわがみ》・黒川の七駅が見え、そのルートは足利南部〜佐野〜岩舟〜栃木〜国分寺〜上三川〜宇都宮〜高根沢

～南那須～小川～湯津上《ゆづかみ》～黒羽《くろばね》～伊王野《いおうの》を経て明神峠を越え、奥州との境の白河《しらかわ》の関に至る。

この東山道に沿って国府や国分寺・国分尼寺・薬師寺などの官衙《かんが》や官寺が展開しており、これらがいずれも発掘調査によって明らかにされているのは稀有なことである。そのうちの政治の中心となる国府は、『和名抄』に「国府は都賀郡に在り、行程は上三十四日、下は十七日」と見え、発掘調査で栃木市田村町の宮目《みやのめ》神社付近に確認されている。

国庁の内郭に前殿と東西脇殿とがある形式で、建物は四期以上の建替えが想定されている。出土遺物には土師器・須恵器・瓦・灰釉《かいゆう》陶器・緑釉陶器のほか、銅印に「岑《みね》」、木簡《もっかん》に「都可《つが》郷進藤一荷」、漆紙《うるしがみ》文書に「延暦」「天平元」の紀年銘があるのも貴重である。

国府から東に往くと、思《おもい》川の左岸の低台地上に存在した国分寺跡に到達する。この国分寺は聖武天皇の建立の詔が出された天平十三(七四一)年からさほど下らない時期の造営と考えられている。建物は南大門・中門・金堂・講堂が南北中軸線上に配され、文字瓦には「国分寺」や「河内」「都可」「寒川」「矢田」「足利」などの郡名が刻まれている。

東山道はこの国分寺や隣接する国分尼寺を経て、先に見た久保公園を通って薬師寺へとつながっているが、その薬師寺も近年の発掘により、伽藍中央に塔があり、その北に規格の違う東西金堂と回廊北に中金堂が取り付く一塔三金堂の配置をなしていたことがわかった。中金堂の北には講堂が、その北には僧坊があったことも確認されている。宝亀元(七七〇)年、ここに道《どう》鏡《きょう》が造下野国薬師寺別当として左遷されてきたのである(『続日本紀』)。『延喜式』には、東海道の足柄《あしがら》坂以東、東山道の信濃坂以東の僧が当寺で受戒を行うものとされている。鎌倉末期には、薬師寺の審海《しんかい》が武蔵金沢《かねさわ》の称名寺の長老として入って整備しており、長らく寺院として機能していたことがわかる。

仏教文化の中心

東国の仏教文化は薬師寺を起点に下野から始まり広がってゆくが、それに大きく寄与した最初の僧が道忠《どうちゅう》である。鑑真の高弟として下って薬師寺で活動していた道忠は、下野の大慈《だいじ》寺(栃木市岩舟町)や上野の緑野《みどの》寺(群馬県藤岡市)を拠点に民間布教につとめ、「東国の導師」「東国の化主《けしゅ》」と称された。

その道忠の弟子広智《こうち》は新興の天台宗を受け入れ、大慈寺で修行していた下野出身の円仁《えんにん》(慈覚大師)や安慧《あんえ》(後の第四代天台座主)らを最澄《さいちょう》のもとに弟子入りさせ、天台教学を学ばせた。それが機縁となって弘仁八(八一七)年に最澄は弟子たちとともに東国を巡錫《じゅんしゃく》した際、大慈寺で大乗戒《だいじょうかい》を授け、東国への天台布教の足場としたのである。大慈寺は天平九(七三七)年に行基が開基したといわれる寺院で、隣接する村檜《むらひ》神社境内からは奈良時代にさかのぼる古瓦が出土している。

芳賀郡の南高岡《みなみたかおか》(真岡《もおか》市)に生まれた勝道《しょうどう》上人は、天平宝字六(七六二)年に薬師寺で得度・受戒した後、天平神護《じんご》元(七六五)年に満願《まんがん》寺(栃木市)を開創し、延暦元(七八二)年に男体山に入って、その二年後に日光に中禅《ちゅうぜん》寺(日光市)を開き、都賀《つが》郡に華厳《けごん》寺を建立し、大同二(八〇七)年の旱魃の際には日光山で祈雨の修法を行っている。

律令体制の衰退とともに真っ直ぐで広い東山道の維持管理は難しくなったが、仏教信仰は定着し信仰の道は多面的に広がった。大谷《おおや》石《いし》で有名な大谷寺には、本尊が凝灰岩の岩壁に彫られた高さ四メートルにも及ぶ千手観音があるが、この造営は九世紀から始まる。各地の信仰の場をつなぐ信仰の道が東山道に代わって生まれてきたのである。

兵たちの道

信仰の道とともに、勃興した兵たちの館を結ぶ道も開かれていった。昌泰《しょうたい》二(八九九)年、朝廷は群盗の蜂起や俘囚《ふしゅう》の叛乱、荷駄を使って活動する集団を取り締まるため、足柄峠と碓氷《うすい》峠に関を設置し、武芸に秀でた者を諸国の押領《おうりょう》使に任命する方針をとるが、この頃から活躍したのが藤原秀郷《ひでさと》である。

延喜十六(九一六)年に上野国での争いから一族とともに流罪に処されたことがある秀郷は、二年後にも濫行のかどで下野国の訴えによって追討の官符が出され、唐沢山《からさわやま》(佐野市)に城を築いて籠もったという。ただその遺構は認められておらず、伝承の域を出ていないが、この山は国府のほぼ真西に位置し、国府との関わりは深かったものと考えられる。

その秀郷が追われる身から追う身へと転進したのが平将門《まさかど》の乱である。これ以前、常陸の平氏一族の内紛から、上総の平良兼《よしかね》が常陸の平国香《くにか》の子貞盛《さだもり》を誘って軍勢を集め、承平六(九三六)年六月に下総の平将門を攻めたが、敗れたため下野の国府に保護を求めてきたのである。将門は下野国府を包囲するも、あえて良兼を逃亡させ、国と交渉して自らの正当性を認めさせ帰郷している。

やがて天慶二(九三九)年に将門は反乱を起こすと、同年十二月に下野国府を占領、さらに上野国府をも落とし、関東一円を手中に収め「新皇」を名乗った(天慶の乱)。この時にあたって下野の押領使となった秀郷は、平貞盛と連携して翌天慶三年二月、将門の本拠地である石井《いわい》の営所を襲い、乱を平定したことから、この功により秀郷は同年三月に従四位下に叙され、十一月には下野守に任じられ、さらに武蔵守や鎮守府将軍も兼任するようになった。

これを契機に秀郷の子孫は上野・下野・常陸の北関東へと広がり、十二世紀になると、居館を各地に構えて武士として成長していった。なかでも寒川《さむかわ》御厨を根拠地にして下野国の在庁官人として勢威を振るったのが小山《おやま》氏であり、足利郡に根拠地を占めたのが足利氏であって、彼らは「一流のよしみありと雖も、一国の両虎たるにより、権威を争ふ」(『吾妻鏡』)という関係にあって、ともに下野に勢威を張った。

武家政権と鎌倉道

十二世紀末に源頼朝が関東を従えようとするなか、小山氏の朝政《ともまさ》は母が寒川尼という頼朝の乳母だった関係から頼朝に属し、頼朝に敵対した源氏一門の志太義広《しだよしひろ》やそれと連合する藤姓足利氏を下野の合戦で破っている。

この合戦記事を載せる『吾妻鏡』は、小山朝政について、「彼の朝政は曩祖《のうそ》秀郷朝臣、天慶年中に朝敵(平将門)を追討し、両国守を兼任し、従四位下に叙せしめて以降、勲功の跡を伝へ、久しく当国を護る、門葉の棟梁たる也」と秀郷以来の系譜を語っている。

武士の活動とともに、館と館を結ぶ道が結ばれてゆき、その往来が頻繁となった。この道を新たな交通体系として整備したのが、頼朝が開いた鎌倉幕府である。鎌倉に拠点を置いた源頼朝は、北関東に勢力を広げ、さらに奥州の藤原氏を滅ぼすために文治《ぶんじ》五（一一八九）年軍勢を三手に分かち、自らは大手である鎌倉道の中路《なかみち》を進んだ。

七月二十五日に下野の古多橋《こたはし》宿に到着した頼朝は、宇都宮（二荒山神社）に幣を捧げて無事の征伐成就を祈り、事が成し遂げられたならば生虜一人を神職に進めることを約束、宿では下野守護の小山政光《まさみつ》から接待を受けた。政光は朝政の父で、朝政と志太や足利との合戦の最中には大番役《おおばんやく》で在京し、その後、下野の守護に任じられていた。

宇都宮では、常陸の八田宗綱《はったむねつな》が宇都宮座主となってその子の朝綱《ともつな》が元暦元（一一八四）年に宇都宮社務職を安堵され勢力を広げていた。翌二十六日に宇都宮を発った頼朝は、二十八日に新渡戸《にとべ》駅に到着して奥州が近いことから軍勢の陣容を知るために御家人《ごけにん》等に手勢を記させ、翌日に白河関を越え、奥州に攻め入って藤原氏を滅ぼした。勝利して帰る途中の十月十九日に、宇都宮の社壇に奉幣して荘園を寄進し、約束通り生け捕った樋爪《ひづめ》太郎俊衡《としひら》法師の一族を宇都宮社の職掌となした。

このように頼朝が進んだ鎌倉道が形成されはじめたのは、十一世紀の前九年の合戦にさかのぼるであろう。この時に源頼義は鎌倉に由比《ゆい》八幡を勧請して征伐の成就を祈り奥州に向かっていて、頼朝の行軍はこの先祖の例にならっていた。頼朝の父義朝《よしとも》は保元元（一一五六）年十二月に「造日光山功」によって下野守の重任となって(『兵範記《へいはんき》』)、日光山の造営に力を尽くしてきた。頼朝も文治二(一一八六)年に下野国寒河郡内の田地十五町を「日光山の三昧田」に寄進している(『吾妻鏡』)。

宿の文化

関東の各地の武士の館と鎌倉を結ぶ鎌倉道は、幕府の成長とともに一段と整備されていった。謡曲『鉢木《はちのき》』には、北条時頼《ときより》が佐野源左衛門を訪ねて一泊したところ、いざという時に鎌倉にかけつける準備をしている、と時頼に語った話が見えるが、そのモデルは下野の佐野氏であるという見方もある。

鎌倉と下野を結ぶ道は奥州へとつながっていて奥大道《おくだいどう》とも称されたが、建長八(一二五六)年六月二日に「奥大道の夜討・強盗」の対策として、幕府は沿道の地頭に、宿々に宿直人を置いて警固するように命じている(『新編追加』)。その武士には、宇都宮下野前司や小山出羽前司、那須肥前々司、宇都宮五郎左衛門尉の名が見える。

弘安六(一二八三)年に宇都宮氏が定めた法令には宿に関する規定が見え、京に送る「駒牽《こまひき》」の馬のための人夫役は、宿・上河原・中河原・小田橋の宿々が結番を守って勤めるようにと定め、「宿・河原幷《ならびに》宮中」の在家人には、盗人以下の狼藉を絶つために三か夜以外の宿直を禁じている。領内の「市々迎買の事」や「市々押買の事」という市に関する規定もあり、さらに領内の道路や橋、住所近くの道の清掃が命じられている。

宿の集落がこの奥大道沿いに発掘されている。下野市国分寺町の下古館《しもふるたて》遺跡では、奥大道と推定されている「うしみち」と称される道がその遺跡の南北に縦貫し、道の両側に竪穴遺構・井戸・土坑・掘立柱建物跡が群在し、方形区画の宗教施設も存在しており、周囲は二重の溝によって区画されている。この遺跡は十二世紀には成立し、十三世紀中頃に大きな一号溝が掘削されているので、それを画期として盛期を迎え、やがて十五世紀には廃絶したという。

このような宿を場として成長していったのが有徳人《うとくにん》と称される富裕な人々である。元亨三(一三二三)年七月に「日光禅定権現の御宝殿」に法華経一部を奉納した一人の「宇都宮中河原住人藤原宗清」は、中河原宿に成長した有徳人と見られる。

日光道

鎌倉幕府にとっては下野の寺社は重要な存在であった。弘安年間に幕府は鎌倉近国の諸社の修理や祈禱・訴訟・所領等については引付《ひきつけ》が担当することを定め、一番引付が宇都宮を、五番引付が日光を担当するとした。

下野の武士は鎌倉だけでなく京都とも強いつながりをもっていた。小山氏は一族を率いて大番役でしばしば在京し、宇都宮朝綱の孫頼綱《よりつな》は京都に上って藤原定家の知遇をえて、宇都宮歌壇を形成している。室町時代には鎌倉道を歩いて紀行文を著した人々が多く現れた。その一人が山伏を統括していた聖護院《しょうご》の道興《どうこう》であって、京を出て北陸道を回り、山伏たちの拠点をめぐりながら関東に赴き、南関東から北上して日光を訪ねている。

連歌師の宗長は東海道を経て鎌倉から上野の新田《にった》に赴き、そこから足利の足利学校を見学し、佐野・壬生《みぶ》・鹿沼《かぬま》の地を通って日光に遊び、続いて宇都宮を経て北をめざしたが、争乱が激化していたために引き返している(『宗長日記』)。

宗長は日光の門前の繁栄を「京・鎌倉の町ありて市のごとし」と記しているが、戦乱のさなかにあっても日光参詣は各地の勢力によって保障されていた。江戸幕府が成立すると、江戸と日光を結ぶ日光街道(日光道中)が整えられた。

江戸から各地を結ぶ街道は、慶長九(一六〇四)年に日本橋を起点として東海道が整備され、寛永元(一六二四)年に完成するが、日光道中では宇都宮町の地子免除の認められた慶長七年から整備が本格化した。元和二(一六一六)年に徳川家康が亡くなると、その家康を祀る日光東照《とうしょう》社の造営や二代秀忠《ひでただ》の日光参詣にともなって、小山宿や小金井《こがねい》宿・雀宮《すずめのみや》宿・大沢宿・鉢石《はついし》宿が成立し、寛永十三(一六三六)年頃にほぼ完成をみた。

日光道中に続いて宇都宮から分岐して奥州の白河へといたる奥州街道(奥州道中)も正保三(一六四六)年に完成するなど、江戸を中心とする五街道のうちでも北をめざす道が早くに整備が進んだが、それは日光を中心とした諸街道の形成でもあった。

日光道中と奥州道中

小山宿から飯塚・壬生・楡木《にれぎ》・鹿沼・板橋諸宿を経て再び日光道中に合流する日光道中壬生通りが生まれ、朝廷が日光に派遣する例幣使《れいへいし》の通る道として整備されたのが日光例幣使街道で、中山道の倉賀野《くらがの》宿から分かれて八木《やぎ》宿・梁田《やなだ》・天明《てんみょう》・栃木・金崎《かなさき》を経て楡木で壬生通りに結ばれた。さらに下総の関宿《せきやど》や久保田方面から結城《ゆうき》・仁良川《にらがわ》・薬師寺・多功《たこう》を経て雀宮辺で日光道中に合流する東通り(結城街道)も生まれ、今市《いまいち》宿から奥州の会津に向かう会津西街道もまた北と日光を結ぶ街道である。

日光に通じる街道には杉並木が植えられ、一里塚が築かれ交通の便がはかられた。日光道中、日光例幣使街道、会津西街道の三街道には三十七キロメートルにわたって杉が植えられたが、これは松平正綱《まさつな》が二十年の歳月をかけ植林したもので、世界最長の並木道を誇る。完成した日光道中・奥州道中を江戸から奥州に向けて歩いたのが俳人の芭蕉である。元禄二（一六八九）年三月二十七日に江戸を出た芭蕉は、千住宿で「行く春や鳥啼き魚の目は泪《なみだ》」と吟じて「矢立の初」とし、鹿沼・今市宿を通り日光見物をしている（『奥の細道』）。

卯月朔日、御山に詣拝す。往昔、此御山を二荒山と書しを、空海大師開基の時、日光と改給ふ。千載未来をさとり給ふにや。今此御光一天にかがやきて、恩沢八荒にあふれ、四民安堵の栖《すみか》穏なり。猶、憚《はばかり》多くて筆をさし置ぬ。

あらたふと青葉若葉の日の光

芭蕉はこう書き、吟じ、奥州道中を北へと歩みを進めたが、それは歌人の西行が平泉へと向かったのに倣ったものである。

河川交通の発達

日光道中の成立と並行して、日光への御用荷物の運送をきっかけに成立したのが巴波《うずま》川の舟運で、元和四(一六一八)年頃に生まれた。大型の高瀬舟《たかせぶね》で利根川《とね》・渡良瀬川《わたらせ》を運航し、藤岡の部屋《へや》・新波《にっぱ》両河岸《かし》で小型の都賀舟に積みかえた後、栃木河岸に至るもので、その栃木河岸には江戸からの塩・砂糖・干鰯《ほしか》などが陸揚げされ、そこからは陸路となって鹿沼宿から日光、会津・宇都宮方面へと物資が運ばれた。

いっぽう栃木河岸からは後背地で生産された麻や木綿・材木・炭・油・石炭・酒などが江戸へと送られ、栃木の町の発展がここに築かれ、維新後に栃木県が生まれると、当初は県庁所在地とされたこともあって、今にその面影が色濃く残っている。

思川の水運も、慶長五(一六〇〇)年の関ヶ原の戦に際して小山評定《ひょうじょう》を行った後の徳川家康が、乙女《おとめ》河岸(小山市)から船を出し江戸に下ったのを契機に始まった。小山評定とは、会津の上杉景勝《かげかつ》を攻めるべく出兵して小山に在陣していた家康が、石田三成らの挙兵を聞いて開いた評定で、会津攻めを中止して転進したのである。

江戸初期から日光廟の造営に際しては、思川上流で産する資材が乙女河岸で陸揚げされ、小山から壬生通り経由で日光に送られていた。元禄三(一六九〇)年の「道法弁運賃書付」によれば、乙女河岸は廻米《かいまい》積出河岸とされ、江戸までの距離は二十八里、米百石について運賃が三石一斗とある。大型の高瀬舟は思川上流の壬生・三拝《さんばい》・島田・半田の諸河岸から送られた廻米・

諸荷物をここで積み直し、江戸まで廻漕されていた。

鬼怒川でも板戸《いたど》河岸が慶長三(一五九八)年に問屋平次左衛門によって開かれ、会津・白河などの南奥諸藩や大田原・黒羽・烏山の下野諸藩などの江戸廻米のほか、農産物や特産物の輸送にあたった。日光と江戸を二つの軸として水陸交通路が縦横に結ばれたのが、近世下野の交通体系であり、それは鉄道網が広くゆきわたる明治末まで交通の基幹をなしていた。

鉄道網の形成

文明開化とともに乗合馬車の営業が開始され、東京宇都宮間運輸馬車会社が明治五(一八七二)年に設立され、東京・宇都宮間を二十時間で結び、明治十三(一八八〇)年頃には浅草広小路の千里軒《せんりけん》車庫と宇都宮伝馬町《でんまちょう》の旅館を二円弱の運賃で十五時間かけて運んだ。

鉄道は国が敷設・保有すべしという意見により東海道線が建設されたが、財政が窮乏したこともあって、民間資本を取り入れて敷設することがはかられ、岩倉具視《ともみ》ら華族が参加して、私立鉄道会社「日本鉄道」が明治十四(一八八一)年に設立された。

中山道鉄道の一部として、養蚕《ようさん》業の中心地から横浜港へと絹製品を輸送するための上野・前橋駅間の交通路が位置づけられて建設され、次いで東北本線の建設が上野・前橋間の途中から分岐する形で行われ、足利や佐野を通る熊谷案が有力であったが、宇都宮以遠への最短ルートとなる大宮案に決まり大宮駅が開設された。

こうして明治十八(一八八五)年七月に宇都宮駅の営業が開始され、同年二月には内務省告示で東京市(日本橋)から函館港までの区間が国道四号と定められてゆき、東北本線の上野・青森間の全通は明治二十四(一八九一)年九月のことで、東海道本線開通から二年余りしか経っていない。この路線の重要性がよくわかる。明治三十九(一九〇六)年に日本鉄道は国有化された。

東北線の開通とともに、足利から横浜、世界へと続く輸送手段としての鉄道の重要性の訴えから生まれたのが両毛《りょうもう》鉄道で、明治二十一(一八八八)年に足利・小山間で営業を始めた。さらに東武鉄道が明治二十八(一八九五)年に東京市本所《ほんじょ》区から足利までの鉄道敷設を申請し、その翌年に創業総会が開催され、明治三十二(一八九九)年に北千住《きたせんじゅ》・久喜《くき》間の営業を開始し、明治四十(一九〇七)年には川俣《かわまた》(利根川南岸)・足利町駅間が開通した。

これら鉄道網の形成には民間の力が大きく関わっていた点が特徴であり、河川交通と競合しつつ、しだいにそれにとって代わっていったのである。

*

宇都宮とその周辺の地は、古くから交通の要衝の地として、古代から近世にかけて仏教文化を育み、中世から近世にかけては武家文化を育み、近世から近代にかけては、江戸や東京などの巨大都市を経済的・軍事的に支え、そうしたなかで食文化が育まれてきたのである。

そして今、新たな交通文化を育むことが期待される。

四国遍路道二十番札所　鶴林寺へ向かう道
（石川文洋氏撮影）

Ⅳ
道
みち

1 四国巡礼道　山野河海の活用史を構想する

◆徳島県東部

久しぶりに徳島空港に降り立った時、空港名が「徳島阿波《あわ》おどり空港」と改められていたことに気づき、その命名に徳島県が阿波踊りにかける執念のようなものを感じつつ、文化財調査のために徳島の各地を廻った。

その時の調査の目的は国の史跡指定に関わる見聞にあって、最初に調査に入ったのは鳴門《なると》市大麻町檜《ひのき》の板東《ばんどう》俘虜《ふりょ》収容所跡(ドイツ村公園内)であった。第一次世界大戦期にドイツの租借《そしゃく》地《ち》・中国の青島《チンタオ》で日本軍捕虜となったドイツ兵のうち、約千人を一九一七年から一九二〇年まで収容していた。収容所長の松江豊寿《とよひさ》が捕虜の自主活動を奨励し、公正で人道的、寛大な処置をとったこと、ドイツ人捕虜がベートーベンの第九交響曲を日本で初めて全曲演奏したことでもよく知られている。

次に案内されたのが近くの四国遍路道《へんろ》八十八か所の一番札所《ふだしょ》・霊山寺《りょうぜん》である。明日は二十番札所の鶴林寺《かくりん》(勝浦郡勝浦町)の遍路道に行くので、まずは一番にお参りしましょうかといわれてのことであった。本尊は釈迦如来、お遍路さんが「のうまく　さんまんだ　ぼだなん　ばく」と真言を唱えるのを聞いて参拝し、それからはあれもこれもと次々に案内されるなか、気づいたのは阿波の山野河海の豊かな自然と、それを巧みに利用してきた人々の活動であった。

『万葉集』に、山と海に恵まれた阿波の国は、「眉のごと雲居に見ゆる阿波の山　かけてこぐ舟泊まり知らずも」(九九八)と詠まれているが、この阿波の山なみに沿って行われるようになったのが遍路修行であって、阿波踊りもそれと関係がありそうに思えたのである。

山をめぐるお遍路

四国遍路については、『今昔物語集』に、「今は昔、仏の道を行ひける僧三人ともなひて、四国の辺地と云ふは、伊予・讃岐・阿波・土佐《とさ》の海の辺りの廻りなり、その僧どもそこを廻りけるに」(巻三十一の十四話)とあって、十一世紀には四国の地を修行して廻ることが行われていたとわかる。

讃岐出身の空海は、阿波と紀伊水道をはさんで立地する紀伊の高野山《こうや》に拠点を置いたことから、高野山の僧たちが回峰《かいほう》修行の道場として四国に渡ってくるようになったのである。

中世になると阿波に数多くの荘園が生まれ、篠原荘や勝浦《かつら》・太奈《たな》牛牧《うしき》などの荘園が高野山を経済的に支えた。建仁《けんにん》三(一二〇三)年、紀伊湊から高野山灌頂《かんじょう》院・勝蓮花《しょうれんげ》院に運ばれる阿波の荘園の年貢米に対し、津料を免除することを後鳥羽《ごとば》上皇が認めており、この年貢米は紀伊水道を渡って紀伊川を経て高野山に運上されていたのであった。

この紀伊と阿波との関係から四国の遍路道は整えられていった。私が調査に入った鶴林寺の遍路道には、一町ごとに丁石《ちょうせき》が立てられていたが、これは鎌倉後期に高野山の麓から山上に至る参詣路に据えられた町石に倣ったもので、古いものには貞治二(一三六三)年の銘がある。

私は早朝に鶴林寺の山の麓までゆき、そこから急傾斜の参道を丁石を調べながら登ってゆき、寺を参拝して山を下っていったが、疲れからか登り道よりも降り道がきつく、汗をかきつつお遍路さんと挨拶を交わしたが、昨夜の酒の二日酔いもふっ飛んだのであった。

遍路で海を渡ってくる人がいれば、海を渡って外で活動した人々もいる。奈良時代には板野《いたの》郡の豪族粟凡直《あわのおおしのあたい》氏の板野命婦《いたののみょうぶ》が采女《うねめ》として朝廷に出仕し、藤原房前《ふささき》の妻となって活躍した。院政時代になると、上皇や貴族は頻繁に熊野《くまの》詣を行ったが、その際に必要な物資が阿波から

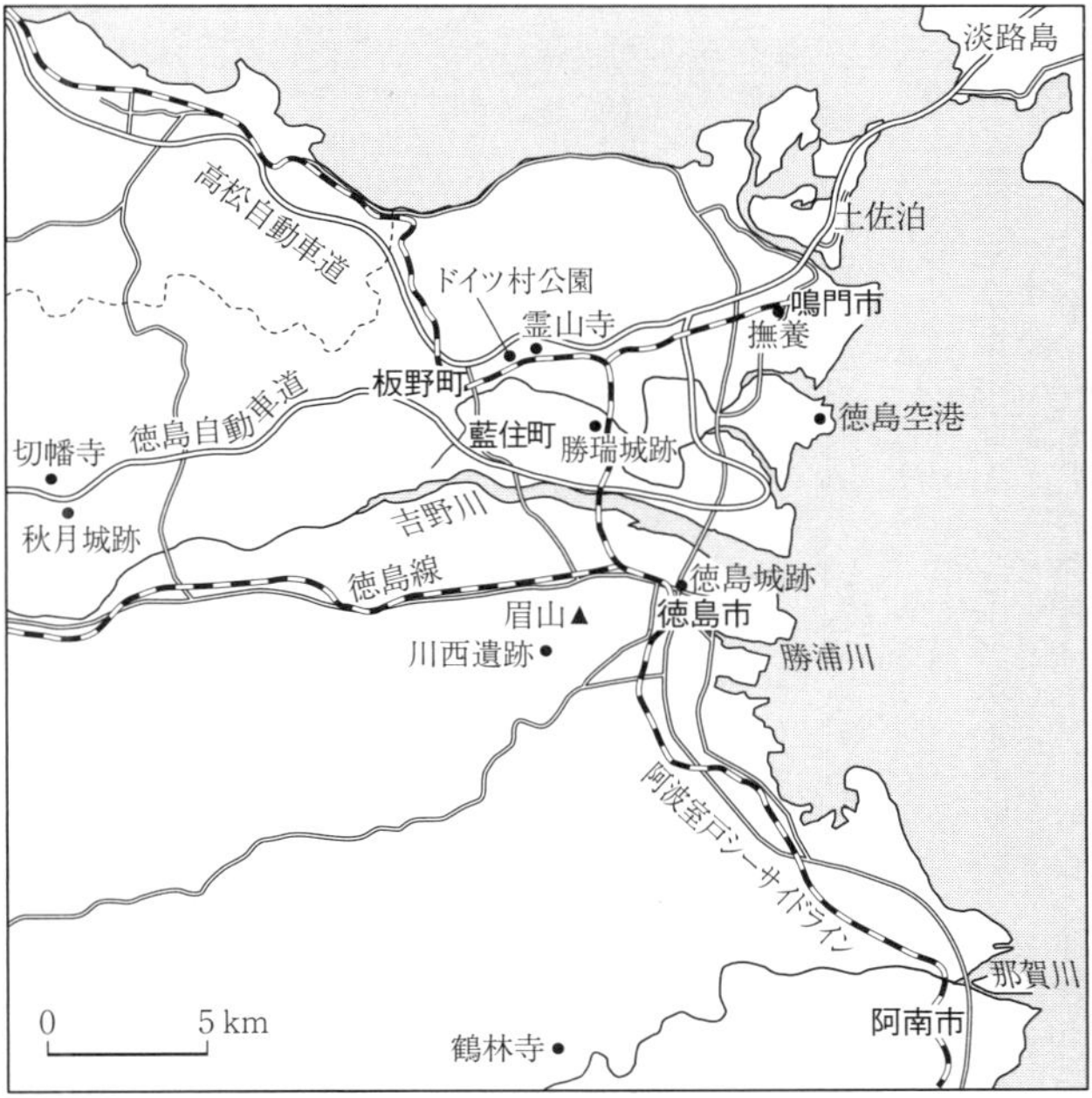

阿波地方

も運ばれ、人も動員された。これを契機に逆に阿波に熊野信仰が入ってくるようになり、熊野詣も広く行われるようになった。

阿波水軍と水運

武士が京に上って活躍することもあった。後白河院の近臣の西光《さいこう》はその一人で、俗名を藤原師光《もろみつ》と称し、信西《しんぜい》入道に仕え、信西が平治《へいじ》の乱で滅ぼされた後には、後白河院の北面《ほくめん》、御《お》倉預《くらあずかり》となったが、平氏に対抗する鹿ケ《ししが》谷《たに》の陰謀に加わったとして平清盛により捕らえられ処刑されてしまう。

その清盛に仕えたのが阿波水軍の阿波民部《あわのみんぶ》成良《しげよし》(重能)である。『延慶本平家物語』によれば、清盛は承安三(一一七三)年に成良に命じて摂津の兵庫に港湾を造らせたところ、難工事であったため、成良が一切経を書いた石を沈めさせ島を築いて湊を完成させたので、島は経島《きょうがしま》と称されたという。

清盛は応保《おうほう》元(一一六一)年・二年頃に阿波を知行国《ちぎょうこく》としており、その頃から成良は平氏の家人になったものと考えられる。兄の良遠《よしとお》は「桜庭介《さくらばのすけ》」と称されており、阿波国の役人(在庁官人)であった。

成良の活躍は目覚しく、清盛が治承四(一一八〇)年末に南都討伐のために派遣した際には、平重衡《しげひら》の先兵をつとめ、寿永《じゅえい》二(一一八三)年には加賀で木曾義仲《きそよしなか》と戦い、平氏が都落ちした後には讃岐の屋島《やしま》に内裏《だいり》を築くなど、平氏を力強く支えた阿波水軍の棟梁《とうりょう》であった。

このことから屋島の内裏にいる平氏の追討を命じられた源義経は、元暦二(一一八五)年二月十八日に摂津の渡部を出ると、風波の難を恐れずに渡海して阿波に上陸し、阿波水軍の根拠地を襲った後、その足で北上して讃岐へと向かい、背後から屋島内裏を攻めて屋島の合戦に勝利した。続いて成良の子教良《のりよし》を捕虜として、成良を平氏からの寝返りへと誘い、長門《ながと》の壇ノ浦の合戦で勝利したのであった。

平氏を支えた阿波水軍は滅んだが、その水軍の背景をなしていた阿波の水運の活用が衰えることはなかった。室町時代の文安二(一四四五)年に作成された『兵庫北関入船納帳』という東大寺が管理する摂津の兵庫津に入った船の帳簿を見ると、阿波の湊には土佐泊、撫養《むや》、別宮《べっく》、惣寺院《そうじいん》、平島《ひらじま》、橘《たちばな》、牟岐《むぎ》、海部《かいふ》、宍喰《ししくい》などの名が見える。

阿波の水運は海だけではなかった。徳島平野を西から東に貫流する大河川の吉野川をはじめ、勝浦川、那賀《なか》川、海部川などの中小の河川が四国山地を源流としていて、その中流域には川湊が生まれた。

川から運ばれる物資

吉野川は「四国三郎」と称されるほどの暴れ川で、阿波の歴史はその治水に向けての格闘の歴史といっても過言ではない。多くの物資はこの川の舟運を利用して運ばれ、治水のために多大な努力が積み重ねられてきた。

鎌倉時代の末、柿原《かきはら》四郎入道という武士が吉野川に新関を構え、山城の大山崎《おおやまざき》離宮八幡宮に調進する灯油料の荏胡麻《えごま》を押し取った、と八幡神人《じにん》から訴えられている(『大山崎離宮八幡宮文書』）。その吉野川の水運遺跡として広く知られているのが十八世紀の後半に築かれた第十堰である。近世になって吉野川の本流から分かれて東に流れる水筋を通したところ、その流れに水が集中したところから、双方に流れるように設けられたのがこの第十堰であった。

ただ中世の河川遺跡についてはその後の改変が著しいため、なかなか見つからなかったのであるが、徳島市の眉山《びざん》の南を流れる園瀬《そのせ》川の旧河道から発掘された川西遺跡は、国内最古の河川の石積み護岸があり、川湊であったと考えられている。鎌倉時代から室町時代にかけて、川岸を緑泥石片岩《りょくでいせきへんがん》(青石)によって石積みして護岸となしたもので、繰り返し補修や増築が行われていたことがわかる。

川の中州に向けて、室町時代の石積みに盛土で造った突堤があるなど、河川立地の遺跡において突堤構造に基づく遺構は類例がなく、はじめて見たときには驚いた。稀有な川湊・川津・川関と考えられるが、新関でなく長期にわたって維持されており、仏具なども出土しているので、寺僧が管理にあたっていたと考えられる。

その際、兵庫関が勧進《かんじん》僧によって管理され、東大寺などの寺社の造営料所として津料が徴収されたことが思い起こされた。そういえば東大寺の再建を担った重源《ちょうげん》は、摂津の渡部を拠点に周防の巨木を運んで大仏殿を造営し、阿波水軍の成良が造った丈六仏《じょうろくぶつ》を阿波から移して東大寺境内の丈六堂に安置したというから、阿波からも材木を運んだことであろう。川西遺跡出土の遺物には、材木を運ぶ際に先端に穴を開けた部分を切り取った木鼻《きばな》や、材木の部材を記した木簡もあり、材木を運ぶ拠点となっていたことがわかる。

山野の産物

鎌倉時代から阿波の材木は京や奈良などの中世都市の需要に応じて運ばれた。寛喜二(一二三〇)年には奈良の春日社の荘園である富田荘《とみた》と津田島《つだ》の神人百姓らに対し、御供所《ごくしょ》を造営するための材木を無事に運上するように、という命令が興福寺から出されている。元応二(一三二〇)年には、京の鴨社《かも》の造替遷宮《せんぐう》の材木として那賀荘内の杣《そま》から材木が運ばれている。亀山《かめやま》法皇の葬礼に際しては阿波の槫《くれ》(板材)が使用され、「小松島津の材木」に関する史料も見える(『紀伊新宮文書』)。

『兵庫北関入船納帳』によれば、阿波の平島や橘、牟岐、海部、宍喰などの湊からの阿波船は大量の槫や材木を運んでいた。古代の阿波の特産物は絹であって、十一世紀成立の『新猿楽記《しんさるがくき》』に見える諸国の物産の筆頭には「阿波絹」が見え、長久《ちょうきゅう》四(一〇四三)年十月二十七日の阿波守藤原惟任《これとう》の書状からも東大寺は阿波国の封戸《ふこ》を絹で受け取っていたことがわかる(『東大寺文書』)。中世になるとこの阿波絹が特産物からはずれ、代わって登場してきたのが阿波藍《あい》であり、『兵庫北関入船納帳』によれば、土佐泊からは米や麦が、撫養からは麦・藍が、別宮からは胡麻が、そして惣寺院からは藍が運ばれていた。

これらの藍は吉野川流域の氾濫原で生産されていたものであり、吉野川の洪水がもたらした豊かな地味が藍の生産に適合的だった。藍の生産は、庶民の衣服原料となった木綿栽培の中世末期からの広がりと連動し、その染料として急速に拡大していった。

近世には、阿波藩の保護・奨励策もあって作付面積が拡大し、元文五(一七四〇)年には吉野川流域の北方七郡の二百三十七村、三千町歩に及んでおり、天明四(一七八四)年の記録には「名東《みょうどう》・名西《みょうざい》・麻植《おえ》・板野・阿波五郡の儀は、用水懸り不自由に御座候に付、田作相調申さず藍作一所に仕り、右藍玉代銀は御年貢を以て上納仕り来り候」と見え、用水不足の厳しい環境から、名東以下の五郡では藍生産のみを行っていたという。

二月の種蒔きから夏の土用《どよう》の刈り入れまで重労働が連続するなか、生産された葉藍は藍師のもとに買い集められ、そこからスクモ(藍の葉を発酵させた染料)や藍玉に加工され、江戸や大坂に販売されていった。その名残は藍住町《あいずみ》(板野郡)の奥村家に見出される。

近世の阿波では藍のほか、海辺の撫養や南斎田《みなみさいた》、答島《こたえしま》に塩田が生まれて塩の生産が広がり、板野・阿波郡では扇状地を利用した甘藷《かんしょ》栽培が行われ、砂糖の生産も広がってその「阿波の和《わ》三盆《さんぼん》」の品質は高く評価された。

三好氏の台頭

山野河海を場とする生産・運輸活動を背景に京に出て活躍したのが、戦国の雄・三好《みよし》氏である。阿波の守護は鎌倉時代には小笠原氏、室町時代には細川氏であったが、いずれも本拠が京にあったため、在国の支配は守護代にまかされており、その守護代として台頭したのが三好氏である。

室町時代の阿波守護の細川和氏《かずうじ》は、管領《かんれい》の細川頼之《よりゆき》の叔父にあたり、吉野川中流域の北岸の秋月《あきづき》(阿波市)に守護所を置き、禅僧の夢窓疎石《むそうそせき》を開山に補陀《ほだ》寺を創建した。その後、頼之が父頼春《よりはる》を弔うため光勝院《こうしょういん》を建てている。

やがて守護所が秋月から吉野川の下流域の勝瑞《しょうずい》(藍住町)に移されてゆき、それとともに守護代として三好氏の名が見え、寛正六(一四六五)年がその初見である。

三好氏は阿波の三好・美馬《みま》・麻植の奥三郡を支配しており、その発展の基礎を築いた三好之《ゆき》長《なが》は守護の細川成之《しげゆき》に従って在京するようになった。文明十七(一四八五)年に阿波に下って離反していた在国の武士たちを討って、阿波での覇権を握ると、成之の孫澄元《すみもと》が管領の細川家を継承したことから、その後見役として幕府政界にも進出した。

永正五（一五〇八）年に管領細川高国《たかくに》に追われた澄元を連れ、阿波に退いたこともあったが、これを契機に居点の勝瑞館を整備したことであろう。

三好氏は勝瑞と和泉の堺、摂津・河内・山城・京都を結ぶラインで活動し、之長の曽孫である長慶《ながよし》が京に出て三好政権を樹立したのがその最盛期であって、京の文化を直接に吸収し勝瑞に京風文化をもたらしたのであった。

城下町の文化

現在、勝瑞館の発掘と整備事業が進められている。最大幅が十五メートル、深さが三メートルの濠に区画された、一辺が百から二百メートルの方形の館跡からは、枯山水《かれさんすい》式の庭園をともなう礎石建物が出土しており、会所《かいしょ》と考えられ復元がなされている。隣接して池泉式庭園をともなう礎石建物があって、これが主殿と見られ、中国や朝鮮からの陶磁器・茶碗、瀬戸・備前の焼き物、金箔を貼った瓦も多数出土している。

この中心部の館区画のほかに、周囲には幾つかの館区画があって、さらにその北に勝瑞城と考えられる城郭跡が存在する。しかしその跡地に立っても急峻な要害は存在せず、攻められたならばひとたまりもなかったであろう。防御に弱い京都の館と似たところがある。

吉野川の大河とその縁辺の山に築かれた城砦が城下町を守っていたのだが、これを滅ぼしたのは海から渡ってきた勢力ではなく、山向こうの土佐から入ってきた長宗我部《ちょうそかべ》氏であった。その長宗我部氏が三好氏を滅ぼした後、三好氏の勝瑞城を中心とする城下町文化は、近世大名として入ってきた蜂須賀《はちすか》氏に受け継がれ、徳島城築城とその城下町の建設にともなって徳島へと移っていった。

この徳島の城下町に集まった人々によって行われた祭りが阿波踊りに他ならない。当初は町組みを単位に行われており、その源流は勝瑞城下で始まる風流踊りにあったと見られる。風流踊りは戦国時代の京を中心に広がった熱狂的な踊りである。

近世も半ば過ぎになると、阿波踊りは「連《れん》」という集団をつくって、通りを踊ってゆくものへと変化し、現在の形へとつながる。多くの盆踊りは櫓《やぐら》や舞台の周りを廻るゆったりした輪踊りだが、これは思い思いに仮装した男女がリズムにあわせ町中を集団で踊るものであった。

四国遍路への解放

四国遍路も近世になると広がりを見せた。承応《じょうおう》二(一六五三)年に澄禅《ちょうぜん》が『四国辺路日記』を著しそれに八十八か寺をあげ、貞享元(一六八四)年に真念《しんねん》が『四国邊路道指南』を著し遍路の心構えなどを詳しく記すと、以後、四国八十八か所の霊場遍路は民衆に開かれていった。

四国八十八か所のうちの阿波の遍路は「発心の道場」二十三か寺、土佐遍路は「修行の道場」十六か寺、伊予国の遍路は「菩提の道場」二十六か寺、讃岐国の遍路は「涅槃《ねはん》の道場」二十三か寺と呼ばれ、多くのお遍路さんを迎えてきた。

お遍路さんは阿波の北の入り口である撫養湊(鳴門市)から入り、一番の霊山寺から十番の切幡《きりはた》寺までは、吉野川の北側に沿って上流にさかのぼる。十一番の藤井寺《ふじいでら》から十二番の焼山寺《しょうさん》までの「遍路転がし」の難所を通り吉野川の南側に沿って下ってゆき、十八番の恩山寺《おんざん》から南下して二十番札所の鶴林寺を経て二十三番薬王寺《やくおう》へと至り、そこから海辺を土佐にゆく。

その途中、土地の人々は「お接待」といって茶をもてなし、「善根宿《ぜんこんやど》」という一夜の宿をもてなす風習が生まれた。土地の人々は五か所・十か所参りなどと称し、近くの札所を巡っていた。ここからうかがえるのは札所寺院が所在する霊山への信仰であって、盆踊りが祖霊を迎える宗教行事であることを考えると、遍路と根を共通するものがある。

＊

阿波の歴史的特質は豊かな山野河海が有機的な関係で結ばれ活用されてきたところにある。その活用とともに様々な集団(連)が生まれ、阿波踊りの熱狂的スタイルが生まれたのであろう。恵まれた自然の活用にユニークな創意工夫がこらされていると聞くが、それを今後とも期待したい。

2 山陽道　備前福岡をめぐる産業文化

◆岡山県東部

諸国を遊行して念仏を勧めた一遍《いっぺん》の行状を描く『一遍聖絵《ひじりえ》』には、一遍の遊行した道が描かれている。信仰を確信するに至った熊野街道や、踊念仏で奇跡を起こして上洛する東海道、京の市屋《いちや》道場で多くの信仰を獲得してから北に向かった山陰道など、多くの道が様々に描かれているが、最も多く描かれているのが一遍の生まれた伊予と京とを結ぶ山陽道である。

その山陽道のなかでも備前《びぜん》の福岡(瀬戸内市)の場面は、他の道では信仰に関わる寺社などを描いているが、ここにはそれがなく、一遍と武士とが市で対決し、その武士を出家させる様子が描かれ、一遍の信仰が新たな段階に入ったことを示しているのである。

福岡の市であることは、市の仮屋での商取引による賑わいと、並べられてある備前焼の大甕《おおがめ》からわかる。つまり近くで備前焼が生産され、市の賑わっている様が福岡の市であることを示すもので、ここからは山陽道に沿った地における産業文化の展開が垣間見える。

福岡の賑わい

一遍が福岡を通ってから九十年後、今川了俊《りょうしゅん》が九州探題《たんだい》に赴任した時の紀行文『道ゆきぶり』に福岡は次のように記されている。

さて香登といふさとは、家ごとに玉だれのこがめといふ物を作るところなり。山の尾ごしに松のひまより海すこしきらきらとみえておもしろく、その日は福岡につきぬ。家ども軒を並べて民のかかどにぎはひつつ、まことに名にしおひたり。それよりこなたに川あり。みののわたりといふ。

了俊は中世の山陽道を下って香登《かがと》の備前焼（伊部《いんべ》焼）の産地を通り、その名のごとく庶民の家々が賑わっていた福岡に着き、みのの渡《わたり》で吉井川を渡っている。一遍が通った時と比較しても、福岡がいよいよ繁栄していたことがわかる。

私がその福岡を訪れたのは初春、揚げひばりののどかな鳴き声を聞きながら自転車で駆け回った。町並みはJR赤穂《あこう》線長船《おさふね》駅の西側にあり、縦横に格子状になっている小路を駆け、廃絶した薬王寺跡や戦国時代の武士・黒田官兵衛《かんべえ》の曽祖父と祖父の墓がある妙興寺《みょうこう》などを訪ねた後、市跡と称する石碑のある恵美須宮に行き福岡市の痕跡を探ったのだが、中世の市は近くの吉井川の川底に沈んだと見え、確かめられなかった。

市の賑わいが備前焼の焼き物の賜物であったことから、次に東へと向かい、香登や伊部、片上《かたかみ》へと足を延ばした。この伊部周辺が焼き物の産地であったことは古代の須恵器生産にまでさかのぼる。

焼き物の文化と湊

律令国家により備前国からは須恵器を貢進するよう定められ、その窯跡が備前市南部から和気《わけ》郡・邑久《おく》郡に広く分布する。朝鮮半島伝来の半地下式穴窯という高度な技術によって焼かれたもので、律令国家の食の体系を支えていた。

その須恵器生産は律令制の衰退とともに衰えるが、原料の土や燃料に恵まれていた好条件下で、伊部周辺で備前焼の生産が始まり、十二世紀後半頃から大ガ池南窯や大明神窯、池灘《いけなだ》窯な

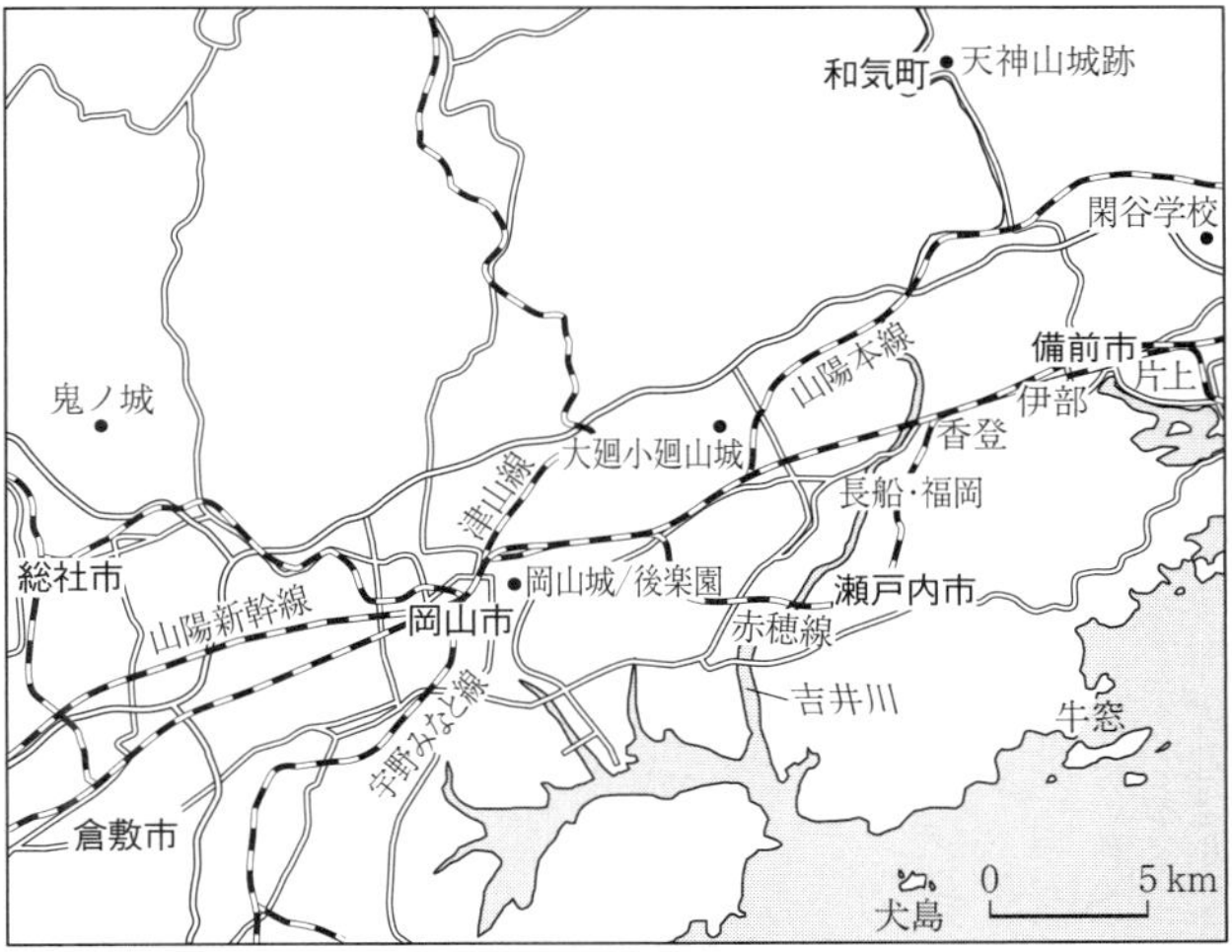

備前・福岡周辺

どが熊山の山麓に広がり、しだいに窯の立地は熊山や南大平山などの山腹へと上ってゆき、鎌倉末期には山上にも設けられた。

この備前焼の壺・すり鉢・甕は西日本の各地にもたらされたばかりか、東日本にも運ばれて鎌倉からも出土している。近くの片上などの湊から運ばれたもので、備前地域は山陽道の陸路と瀬戸内海の航路の接点として発展してきたのである。西行《さいぎょう》や法然《ほうねん》らはこの地を経て四国に渡っている。

文安二(一四四五)年の『兵庫北関入船納帳』に見える伊部船・片上船の荷物として見える壺とは備前焼であって、この需要に支えられ十六世紀半ばから巨大な南大窯群が出現しており、その窯体の長さは五十四メートルにも及んだ。紀伊の根来寺《ねごろ》境内には備前焼の大壺が大量に出土しており、近くには備前という地名さえ残っている。

近世になると、その風合いから茶道具の一つとして珍重され、街道絵図『中国行程記』は、伊部の町について「往還の左右、焼き物店多し」と記している。

長船の刀鍛冶

『一遍聖絵』の市の場面では、武士が一遍に向かって抜身の刀を振り上げているが、その刀も福岡の市を象徴するものであって、近くの長船の地は刀鍛冶《かたなかじ》で有名である。長船で刀鍛冶がいかに、いつ始まったのかは詳らかでないものの、十世紀には知られており、天徳《てんとく》四(九六〇)年の内裏が火事にあって、天皇の使臣に下される節刀《せっとう》が焼けた際には、代えの節刀を作るべく備前から「鍛冶の白根《しらね》安生《やすなり》」を召したという(『塵袋《ちりぶくろ》』)。

やがて友成《ともなり》や正恒《まさつね》の銘の刀が作られるようになり、後鳥羽上皇の命によって月番で刀が作られたという御番鍛冶の伝承によると、十二人の刀工のうち則宗《のりむね》・延房《のぶふさ》ら七人は備前の刀工であったという。長船の刀工には、光忠《みつただ》から長光《ながみつ》・景光《かげみつ》らへと続く系譜があり、刀に個人の銘を刻み、「一」の字を刻む福岡一文字派なども生まれ、長享二(一四八八)年八月には、長船の勝光《かつみつ》・

宗光《むねみつ》の一党六十人が上洛し、千種鉄二十駄を数百人が運び、刀の鍛冶を行っている(『蔭涼軒日録《いんりょうけんにちろく》』)。

備前やその背後の備中・美作《みまさか》・播磨などが鉄の産地であったから、その生産地を背景に早くから刀鍛冶が行われるようになり、先進技術を身につけ、武士の成長とともに需要が広がり、刀工は各地に進出していったのである。

このような備前を出て京や鎌倉で活躍したのが刀鍛冶であるが、さかのぼって古代に備前から都に出て活躍したのが、古代山陽道の通る藤野郡《ふじののこおり》(和気郡和気町)を本貫《ほんがん》の地とする和気清麻呂《きよまろ》とその姉である。

土木技術と和気清麻呂

和気清麻呂は天平宝字八(七六四)年の藤原仲麻呂《なかまろ》の乱での功賞により、翌年に藤野真人《まひと》清麻呂の名で勲六等を授けられ、神護景雲《じんごけいうん》三(七六九)年には姉の和気広虫《ひろむし》(法均尼《ほうきんに》)の代わりとして豊前の宇佐八幡の神託を持ち帰るように命じられた。

だが、その報告を聞いた称徳《しょうとく》天皇は、神託が意に沿わなかったことから、怒って清麻呂を大隅《おおすみ》国に配流とした。天皇の死後、道鏡《どうきょう》が失脚して従五位下に復位した清麻呂は、その後、播磨・豊前の国司を歴任し、さらに自ら望んで美作・備前両国の国造に任じられるなか、土木事業に才を発揮した。

延暦四（七八五）年に摂津の神崎川《かんざき》と淀川《よど》を直結させると、同七（七八八）年には上町《うえまち》台地を開削し、大和川《やまと》を直接大阪湾に流して水害を防ぐ工事にかかり、これには費用がかさんで失敗したものの、桓武《かんむ》天皇に重用され、平安遷都を進言し、延暦十二（七九三）年造営大夫となって平安京の造営にあたった。

清麻呂が土木事業に大きな功績を残した背景には、出身地である備前の環境があったと見られる。生まれる少し前に吉備《きび》地方では二つの古代山城が造営されていた。天智天皇二（六六三）年の白村江の敗戦にともない、大宰府《だざいふ》近くに大野城、讃岐に屋島城などが築城されたが、これと同じ頃に備前・備中《びっちゅう》地域では鬼ノ城《きのじょう》と大廻小廻山《おおめぐりこめぐり》の二つの古代山城が築かれた。

このうち総社《そうじゃ》市にある鬼ノ城は、標高約四百メートルの山頂の周囲を石垣・土塁によって城壁で取り巻き、その内部の面積は約三十ヘクタールに及ぶ。城壁の要所には門が四か所あり、そのうちの西門と南門が特に立派に造られ、間口が十二メートルもあって、その花崗岩《かこうがん》による敷石は見る人を圧倒する。

岡山市にある大廻小廻山は、標高二百メートルの小廻山を中心とする丘陵上にあり、城壁は鬼ノ城よりも長く、広さは約四十ヘクタールに及ぶ。ただ城壁の高さなど軍事施設としての完成度については鬼ノ城が高いが、その巨大さは大野城を上回り、二つあわせて防御の態勢がとられていたと見られる。朝廷から派遣された吉備大宰《きびたいさい》との関連がうかがえる。

和気清麻呂の出た和気氏は、これらが造られた地域の東の縁辺部に位置し、その影響を受けつつ成長した新興の豪族である。京と九州を結ぶ大路である山陽道は和気の地を通るが、この道を経て清麻呂は京に出て朝廷に仕えた。それだけに故郷の備前への思いは強く、望んで備前の国造に任じられ、また備前の私墾田百町を賑給田《しんごうでん》として郷民に班給することを遺言して亡くなっている。

経済力の上昇と院政の基盤

備前は律令国家に上国として待遇され、院政期になるとその経済力が一段と上昇し、天永元《てんえい》(一一一〇)年に鳥羽院近臣《きんしん》の藤原長実《ながざね》の知行国になってから以後、院近臣の知行国となり、院を経済的に支える国となった。

なかでも永久元《えいきゅう》(一一一三)年に院北面の平正盛《まさもり》が、大治二(一一二七)年には平忠盛が知行するなど平氏の台頭をもたらしたのであって、忠盛は備前守として得長寿院《とくちょうじゅ》を造進した功によって殿上人となり、武家としての存在が認知された。

その後、保延《ほうえん》二(一一三六)年からは長らく摂関家の知行国になり、吉井川流域の開発が進められ、国衙によって大堤防が築かれた。このため後に八条院領となる香登荘と争いが生まれたが、この堤によって邑久郡千余町の耕地が安定化した。保元の乱後の保元二(一一五七)年に大内裏が造営された時には主要な殿舎の一つ綾綺殿《りょうきでん》を造進している。

平清盛は応保元(一一六一)年に備前を知行国として後白河上皇のために蓮華王院《れんげおう》(今の三十三間堂《さんじゅうさんげん》)を造進し、その功により子の重盛が公卿になっている。永万元《えいまん》(一一六五)年からは平氏に接近して巨富を築いた五条大納言藤原邦綱《くにつな》の知行国となり大極殿《だいごく》の修造を担うなど、備前国は院政を象徴する寺院や内裏の造営を経済的に支えたのである。

福岡の発展

鎌倉時代になって、焼かれた東大寺の大仏殿の造営が始まると、その材木を採取するために周防国が大仏大勧進の重源に付けられ、次いで建久四(一一九三)年には東大寺大仏造営料国として裕福な備前国も付けられた。

重源はすぐに備前の荒野二百六十町の開発を進め、吉井川下流域の南北条・長沼・神崎の三か荘について防潮堤を築き固めるなどの開発をはかり、さらに山陽道の難所であった播磨国との境にある船坂峠《ふなさか》を、国中の貴賤に勧進して樹木を切り払うなどして交通路として整備し、吉井川の中流には東大寺の瓦窯《かわらがま》を造り、大仏殿の瓦生産にあてた。その万富《まんとみ》の地からは十三基の瓦窯の跡が確認されている。

山陽道と吉井川の接点にあった福岡の地が発展をみたのはこのような背景があったからである。福岡は平家の所領だったため、鎌倉幕府に没収されかけたが、崇徳院《すとく》の国忌《こっき》を供養する料所に寄進され(『吾妻鏡』)、さらに最勝光院《さいしょうこう》領に寄進され保護されて、繁栄を誇るようになったのである。

南北朝期になると、足利尊氏《たかうじ》が子直冬《ただふゆ》の離反を鎮めるため西下した際にここに陣を置いており、既に見たように西下する今川了俊がその賑わいを記している。武士がこの地に城郭を築いたのは、福岡の地頭の頓宮《とんぐう》四郎左衛門で、稲荷山・中島山と呼ばれており、その名からして吉井川中州に築かれたものと考えられる。

福岡と天神山城

備前守護になった赤松氏は、福岡に守護所を置き、被官《ひかん》の浦上《うらがみ》・小寺《こでら》両氏が守護代として在駐し、赤松氏が没落した嘉吉の乱後の嘉吉元(一四四一)年に守護となった山名教之《やまなのりゆき》は小鴨安芸《おがもあき》守をここに置いて守らせ、このときに大改築が行われたという。

その後、山名・赤松両氏の間の攻防が続くなか、赤松氏配下の浦上氏や宇喜多《うきた》氏が福岡を支配するようになった。『蔗軒日録《しゃけんにちろく》』文明十八(一四八六)年四月十九日条によれば、堺の海会寺《かいえ》住持の季弘大叔《きこうだいしゅく》のもとに遣明使の天与清啓《てんよせいけい》を描いた画軸を福岡の商人がもたらしている。戦国争乱の激化にあっても福岡が繁栄していたことがわかる。

天文二十三(一五五四)年に浦上宗景《むねかげ》は兵五百余をひきつれ、播磨の室津《むろつ》城を出て福岡の北の天神《てんじん》山に城を築き移っている。浦上氏は、宗景の父村宗《むらむね》の時に主君の赤松義村《よしむら》を凌駕し、守護代から戦国大名になっていた。

天文二十(一五五一)年、村宗の嫡男政宗《まさむね》とその弟宗景が、備前に侵攻してきた山陰の尼子晴《あまこはる》久《ひさ》への対応をめぐって、政宗が尼子と結んだのに対し、宗景は安芸の毛利元就《もうりもとなり》と同盟する道を選んで対立し、新たな拠点として整備したのが天神山城である。

天神山は吉井川中流左岸の急峻な山で、ここに連郭式の城郭が築かれた。当初は頂上から尾根続きの太鼓の丸が本拠であったが、そこから頂上に向けて整備がされてゆき、石垣に瓦葺きの本格的城郭が構築された。天神山城北西の「下の段」から、太鼓丸南東の土塁線に至るまで一キロに及ぶ大規模城郭となった。曲輪《くるわ》や土塁、石垣、空堀《からぼり》、侍屋敷跡などの遺構が認められ、この地域の産業技術が駆使されたのである。

ここを拠点に宗景は毛利の助力を得て各地で勝利を収め、政宗の勢力を駆逐して備前の支配権を握った。

岡山城と城下町

宗景による備前・美作地域の支配に大きな役割を果たしたのが、被官として召し抱えた宇喜多能家《よしいえ》の孫直家《なおいえ》であって、直家は宗景を支えるなか、永禄十一(一五六八)年に上道《じょうとう》郡沼《ぬま》城(亀山城)を本拠として松田氏を滅ぼした。

元亀元(一五七〇)年には岡山(石山)城主金光宗高《かなみつむねたか》を沼城に招いて殺害すると、天正元(一五七三)年に岡山城を改築して移って自立の動きを強め、ついに天正二年に主家に反逆し、同三年には宗景を天神山城から追い出し、東上する毛利と西下する織田の両勢力の間にあって戦国大名へと名乗りをあげた。

これに応じて岡山の城下町建設が進められ、それは子の秀家に継承されていった。洪水防止と防備のため旭川の河道を付け替え、岡山城の規模を拡大し、領内の豪商・職人を集めて城下町を整えていった。福岡から招いた人々の居住地に福岡町と命名するなど、郡町・西大寺町・児島町・片上町・伊部町などの町人を招いてその出身地に因んだ町人町を形成し、職人の集住による鍛治屋町・博労《ばくろう》町なども形成した。

関が原の合戦で西軍の中心となって戦ったために秀家が没落すると、慶長五(一六〇〇)年に小早川秀秋《こばやかわひであき》が入封し、備前・美作の領民を動員して岡山城の外堀(総堀)を掘り、橋を架け、門を設けた。堀は二十日間で完成をみたので二十日堀という名がつけられ、秀秋は外堀の外縁に蓮昌寺《れんしょうじ》・大雲寺《だいうんじ》・岡山寺などを移して寺町を形成した。

秀秋はわずか二年で亡くなり、嗣子がいなかったために家は断絶、慶長八(一六〇三)年に姫路城主・池田輝政の五男忠継が備前一国を与えられ、元和元(一六一五)年にその弟忠雄《ただかつ》が城主となって、藩政の確立と民政に努め、岡山城の整備にも尽力し、大手門《おおてもん》を大改造、月見櫓《やぐら》が造成され、ここに岡山城は完成をみた。

閑谷学校と津田永忠

寛永七(一六三〇)年、忠雄の江戸での急死を受け、嫡子光仲《みつなか》がその跡目を継いだものの、幕府の命令によって鳥取藩に転封となり、代わりに鳥取から池田光政《みつまさ》が移って岡山藩主となった。

光政は儒学に傾倒して善政を試み、なかでも尽力したのが藩士のための教育施設である藩校「岡山学校」と、閑谷《しずたに》学校の開設である。

寛文六(一六六六)年に和気郡木谷《きたに》村付近を視察し、同八年に木谷村延原(備前市閑谷)に手習所を設置し、ほかにも国内の百二十二か所に郡中手習所を設けている。寛文十(一六七〇)年には重臣の津田永忠《ながただ》を奉行に起用して和気の手習所が拡張され閑谷学校の建設が始められ、延宝元(一六七三)年に講堂が完成、翌年に聖廟も完成した。

しかし延宝三(一六七五)年には藩財政の逼迫から郡中手習所が全廃されたが、閑谷学校のみは残され、元禄十四(一七〇一)年に新たな講堂が完成して全容が整った。使用された瓦は釉薬を使用しない窯変《ようへん》瓦で備前焼技法が応用されたのである。今に残る学校の建造物のうち講堂は国宝に指定され、文庫や聖廟・石塀《せきへい》などは国の重要文化財に指定されている。

山間にある閑谷学校を初めて訪れた時に、私は感嘆した。講堂を中心にして小斎・飲室・文庫・聖廟が石塀で囲まれた静寂な佇まいからは厳粛な気分を抱かされ、中国から種子を持ち帰り苗に育てた二本の巨大な楷《かい》の木は、秋の紅葉ともなればどんなに美しいであろうかと思いつつ、その閑静な雰囲気を味わった。

続いて和意谷《わいだに》にある池田家墓所を訪れたが、その儒教風の墓とも相俟って、改めて備前の産業文化の力を実感したのであるが、これらに力を注いだのは奉行の津田永忠であって、寛文七(一六六七)年には池田家墓所の造営の総奉行を行い、同九年には旭川の洪水から岡山城下を守るため、放水路である百間川《ひゃっけん》を開削した。

延宝七(一六七九)年からは藩営の干拓事業にあたるようになって、倉田新田や幸島《こうじま》新田を開き、元禄四(一六九一)年に沖新田をも開き、元禄十年には岩盤掘削等の難工事の末に田原用水工事を完成させて、貞享四(一六八七)年には大名庭園である後楽園の造営を手がけた。

これらの土木事業に使われた石の多くは瀬戸内海に浮かぶ犬島《いぬじま》産のものであって、ここの石は早くは元和六(一六二〇)年に池田忠雄が大坂城の改修に際して献上していた。横河次太夫《よこがわじだゆう》が縦四間(八メートル)横八間(十六メートル)の巨石を海上輸送し、苦難の末に大坂城の石垣に据えたのであった。池田家墓所の墓石や玉垣、後楽園の造営にも犬島の巨石が用いられ、牛窓《うしまど》の一文字波止(瀬戸内市)の造営にも使用された。

*

古代には、都の置かれた畿内地域における都城の建設を西から支え、中世になると、朝廷の経済や武士の成長を支え、広く陶器や刀剣の需要にこたえて山陽道の物流の中心にあり、そして近世には土木事業に寄与するなど、備前は一貫して産業文化において重要な位置を占めてきた。

近代になっても、明治三十(一八九七)年には大阪港造営のために犬島の石が切り出されており、これからも産業文化の力を遺憾なく発揮してほしいものだ。

3 山陰道

都市発達史を益田に探る

◆島根県益田市

山陰石見《いわみ》の益田《ますだ》を訪れたのは初冬の頃であった。石見空港(萩《はぎ》・石見空港)から益田・石見銀山などを見て廻る旅で、その途中、東京で用事があったため一行と別れて帰ったところ、旅を続けた学生たちを突然の降雪が見舞い、危うく事故を起こしそうになったことを後から知り、申し訳なく思った記憶がある。

この旅では初めて見るものが多く、それぞれに印象的だったが、なかでも益田の三宅御土居《みやけおどい》には大いに興味を抱いた。これは日本列島の各地に生まれた中世の国人《こくじん》領主の館の典型と考えられる遺跡で、その中に県道を通す計画が生まれ調査が進むなか、館の重要性が評価されて市民の保存運動が起こった。紆余曲折の末、道路は通すものの、下の遺跡を破壊しない工法によって保存する措置がとられ、将来的には道路を撤去するという形での解決がはかられた。

こうして三宅御土居と近くの七尾城《ななお》とが、国人領主益田氏の城館跡としてセットで国指定遺跡となったのだが、それに伴って私はこの保存管理計画の策定に関わるようになって、何度も益田を訪れてはその魅力を味わった。

益田を中心とした石見地域の特質を探ってゆくなか、やがて気づいたのが、ここには中世の遺跡や寺社が濃密に残されていて、鎌倉に実によく似ていることから、「西の鎌倉」として都市史という視点から考えてみるのがよいとわかってきた。

益田荘の成立

益田は石見の国府が置かれた浜田市の西に位置し、長門や周防・安芸国に隣接しており、古代には万葉歌人の柿本人麻呂がこの近くで亡くなったといわれ、また中世には雪舟《せっしゅう》が滞在し、終焉を迎えた地であったといわれるなど、豊かな伝承に彩られている。

その益田の地を流れて日本海に注ぐ益田川と高津川に沿って生まれたのが益田荘という大荘園であって、その初見は、源平の争乱の始まった治承四(一一八〇)年五月十一日に、皇嘉門院《こうかもん》という女院が甥に譲った「いわみ　ますた」である(『九条家文書』)。

皇嘉門院は摂関家の藤原忠通《ただみち》の娘で、崇徳天皇の后となったが、父忠通が天養《てんよう》二(一一四五)年に石見国の知行国主となっていることから、その国司の権限を利用して益田荘を立て娘の所領としたのであろう。多くの荘園は国司が関与して中央の有力者の領有となっていた。

鎌倉時代の貞応二(一二二三)年の石見国田数注文(『益田家文書』)に「ますたのしやう　百四十八丁八反小」と見える規模の大きな荘園であり、ここを本拠として成長したのが武士の益田氏であった。元暦元(一一八四)年に平氏追討に向けて下ってきた源範頼《のりより》から藤原(益田)兼栄《かねひで》が「益田庄」を安堵されている。

建長二(一二五〇)年三月の閑院《かんいん》内裏の築地《ついじ》を負担した御家人の書き上げのなかに「益田権介」とあることから、益田氏は益田を根拠地にした「権介(在庁官人)」であったことがわかる(『吾妻鏡』)。

荘園と湊町

早くからの益田の発展を物語るのが、益田川河口近くで発掘された沖手《おきて》遺跡であって、そこからは十二・十三世紀を中心とした集落遺跡が出土している。ここに県道を通すために発掘したところ、東西および南北に走る溝と、その溝に囲まれた中に無数の柱穴と井戸が分布し、墓

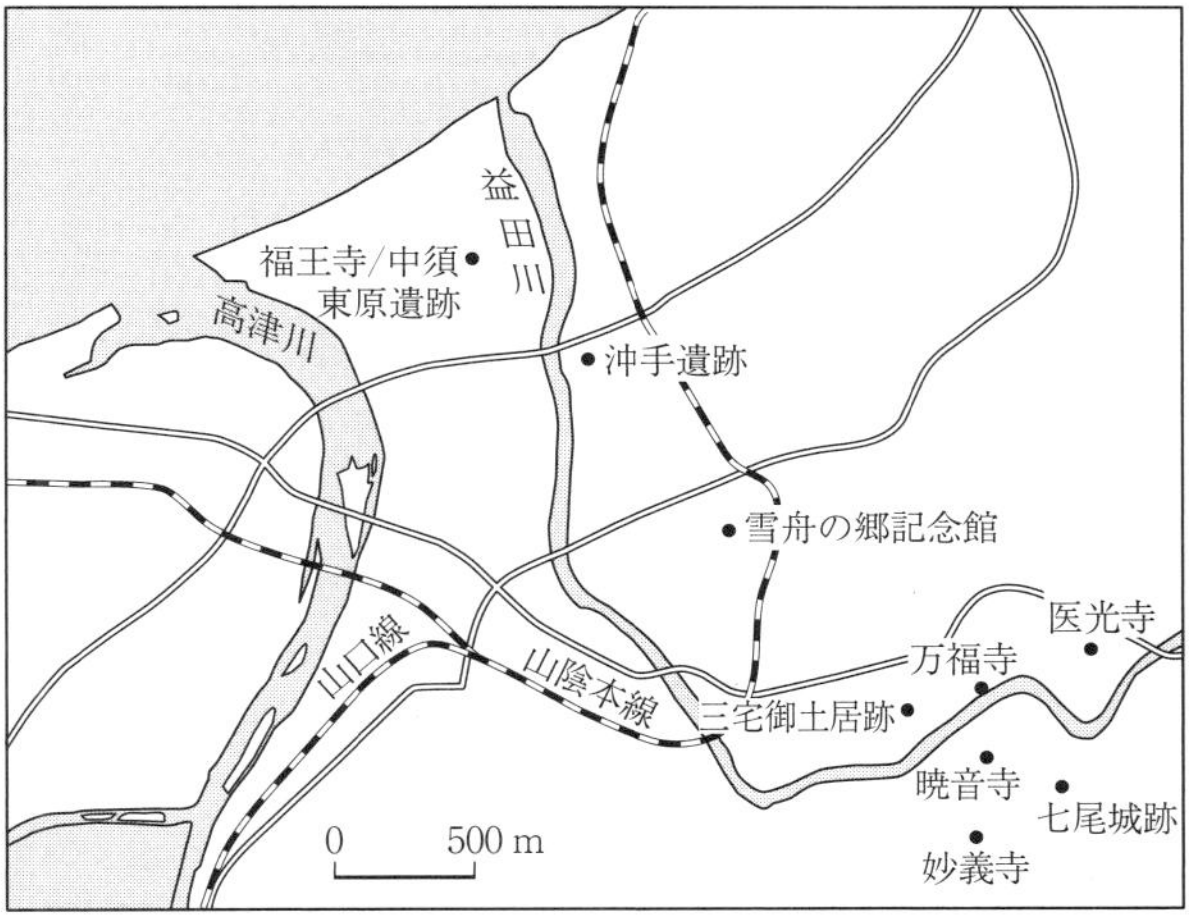

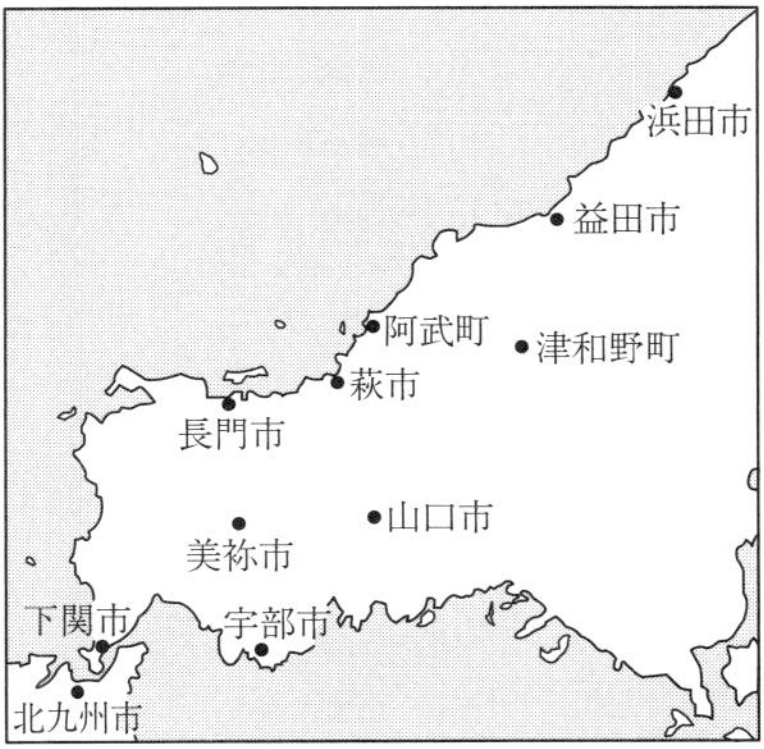

(上)益田川河口付近
(下)中国地方西部

も存在し、十三世紀を中心とする時期の中国製品が多く出土した。

河川の河口部は幾多の改変を受けるため、全国的に見てこのように残ったのは珍しい。益田が城下町としての改変を受けなかったことが関係していよう。しかも中世前期という早い時期にさかのぼるのは貴重で、博多《はかた》との関連も考えられ、さらに下層を掘り進めていったところ、縄文後期末～晩期初頭の丸木船が出土したのである。

近くには大型の古墳があり、『延喜式』にその名が見える式内社の櫛代賀姫《くしろかひめ》神社も存在していて、ここ益田が早くから海に向かって開けてきた土地だったことがわかる。沖手遺跡は十四世紀には衰退してしまうが、益田川をはさんで西側の中須西原《なかずにしはら》遺跡からは、十三世紀から十五世紀にかけての遺構や遺物が発掘された。

大陸産やベトナム産の陶磁器が出土し、湊の遺構も認められた。背後地にある中須の福王寺《ふくおう》には鎌倉末期と推定される石造十三重塔や元徳《げんとく》二(一三三〇)年銘の五輪塔も存在するなど、日本海の沿岸には潟が多くあって、そこに湊町が形成されていることが多いので、ここにも同じような湊町が形成されてきたのであった。

沖手遺跡のように、該当地域を保存することにはならなかったが、この東側に位置する中須東原遺跡からも、湊を物語る石積みが出土したことから、何とか国史跡に指定されるに至り、発掘によってその全貌が明らかになりつつある。多くの湊町遺跡は今につながる港のため大改変を受けたが、鎌倉後期の日本列島の各地で生まれた湊町の姿が益田の中須からうぶな形で発掘されているのである。

国人領主の居館

鎌倉幕府が滅亡し、南北朝の動乱が始まるとともに成長したのが国人領主である。鎌倉時代の地頭とは違い、広範な政治経済活動を行って成長してきており、戦乱の影響もあり土塁や堀に囲まれた館を築いた。鎌倉時代の地頭の館は簡便なものであった。

益田では、応安《おうあん》元(一三六八)年に益田氏の発展の基礎を築いた益田兼見《かねはる》が館を築いており、それが国史跡「三宅御土居」であって、益田川が平野部に出てきたその右岸の微高地上に立地し、土塁で囲まれ周囲は堀が廻らされている。こうした居館も多くの遺跡では残らないが、ここでも益田が近世に城下町とはならず、館跡に泉光寺という寺院が建てられたこともあって、開発の波をかぶらずによく残されてきた。史跡の指定にともなって、今は泉光寺が移転して発掘が進められている。

「三宅御土居」の形成とともに周辺には宗教文化が育った。中須にあった安福寺が応安七(一三七四)年に近くに移転して万福寺という時宗の寺院となっている。近くにある式内社の染羽《そめば》天石勝《あめのいわかつ》神社は熊野権現を勧請して瀧蔵《たきくら》権現と称され、その別当寺として勝達《しょうたつ》寺が建てられた。医《い》光《こう》寺は貞治二(一三六三)年に臨済宗東福寺派の寺院として再興された。

同じ頃に隣接する周防では、大内弘世《おおうちひろよ》が北朝に転じて守護に任じられたことから山口盆地の中央に居館を移し、発展の基礎を築いている。大内氏は益田氏と同じく在庁官人として鎌倉幕府に仕えていたが、この南北朝時代に飛躍をとげ、守護に任じられ発展することになったのである。弘世は貞治五(一三六六)年に上洛すると、将軍の側近に数万貫の銭貨や唐物を贈っており、日朝貿易や日明貿易を手がけて一大大名として発展していった。

都市と文化

室町時代になると益田氏はさらに広範な活動を展開していった。大内氏と連携するなかで従軍し、京に出て将軍の外様衆として活躍する。益田氏と大内氏との交流は密で長期にわたっており、益田兼堯《かねたか》と大内氏の重臣・陶弘護《すえひろもり》とは親族の間柄になり、益田氏は兼堯・貞兼《さだかね》・宗兼《むねかね》の三代にわたって大内氏に従って勲功を立てた。

そうした大内氏との縁から、山口に来ていた画僧の雪舟との交流があって、雪舟の描く益田兼堯の像が今に伝わっている。これには「雪舟」という印と文明十一(一四七九)年の竹心周鼎《ちくしんしゅうてい》の賛がある。雪舟は益田を訪れて兼堯に会っていたものと考えられる。その益田での足跡については、万福寺の北庭を池泉回遊式庭園として雪舟が造ったといわれ、医光寺では後方の山肌を利用して築庭したという伝承もある。

京都国立博物館所蔵の『四季花鳥図屏風』は文明十五(一四八三)年に兼堯の孫宗兼が家督を相続した時、その祝いとして雪舟が描いた花鳥画の屏風とされている。いずれも真偽のほどは定かでないが、益田氏と雪舟の関係が深かったことは確かであって、今、益田には市立の雪舟の郷記念館が存在する。

戦国時代になると、益田氏は七尾城を益田市の市街地を見下ろす丘陵の尾根上に整備した。その名は南北朝の動乱期に見え始めるが、本格的に整備されたのは戦国の動乱にともなうもので、天文二十(一五五一)年の頃に改修され益田藤兼が大手曲輪に居住したと伝わる。

本格的な縄張りが施された城郭で、最も高い本丸を中心に二股に分かれた尾根筋には約四十もの曲輪があり、要所には堀切《ほりきり》や枡形虎口《ますがたこぐち》、畝状竪堀《うねじょうたてぼり》群などが設けられている。一度として攻められた記録のない城郭であった。

益田氏は平場に存在する三宅御土居とこの七尾城を使い分けて利用し、二つを結ぶ間に町を形成していった。天文十二(一五四三)年に浄土宗寺院として創建されたと伝える暁音《きょうおん》寺や益田氏の菩提寺である妙義《みょうぎ》寺はその町のなかに立地している。さらに益田川の河口の湊町とこの麓町の中間には、今市《いまいち》という新たな町場が形成され、益田はしだいに都市としての体裁が整えられていったことがわかる。

しかし益田が城下町として発展することはなかった。大内氏が家臣の陶氏に滅ぼされ、その陶氏を破った戦国大名毛利氏に益田氏が属して宿老になったことから、大名として益田に城下町を形成する道もあったのだが、それを捨てて益田元祥《もとよし》は長門の須佐《すさ》に移り住んだので、益田は城下町とはならなかった。

益田は近世になると浜田藩の支配を受け、その時にも城下町を形成することが考えられたが、津和野《つわの》藩との境界に近いために断念されている。しかし城下町としての改造を受けなかったため、益田には中世の遺構や遺物、寺院などが豊かに残った。それは長州藩の城下町とはならなかった山口とよく似ている。長州藩は山口ではなく新たに萩に城下町を形成したのであって、その萩に益田氏の家老屋敷跡が今に残されている。

津和野と益田

益田に城下町が形成されたならば、どのような形をとったのであろうか。参考になるのが、益田と山口の間に位置する津和野である。津和野は、モンゴル襲来時の戦功で吉見《よしみ》頼行《よりゆき》が能登から入り、城山の山頂に築城を開始したことに始まり、当初は三本松城と呼ばれていた。

戦国時代になって、津和野城主吉見頼弘《よりひろ》の娘が益田宗兼《むねかね》を産むなど、益田と津和野には密接な結びつきがあった。その津和野城が本格的に整備され、増改築が繰り返され要害堅固な中世山城となって、天文二十三(一五五四)年には陶晴賢《はるかた》の攻撃を受けたが、百日余の籠城戦の末に退却させている。

ただ益田氏と同じく吉見氏も関ヶ原の合戦に際し毛利輝元《てるもと》に従ったため、毛利氏の萩への転封にともない長門に移ったのだが、その跡に入ったのが千姫事件で著名な坂崎直盛《さかざきなおもり》であり、城の大修築を行って近世的山城を築いてゆき、現在見られるような津和野城の原型が造りあげられた。しかし直盛は一代で家が断絶し、元和三(一六一七)年に亀井《かめい》政矩《まさのり》が因幡から入って、以後、津和野城は亀井氏十一代の居城となり、津和野は近世城下町として形成された。

津和野城はもともと城の正面にあたる大手が西側にあったが、町場を城の東麓に形成したので大手が東側となり、津和野川流域の津和野盆地が町割され、藩邸もその平場に設けられた。こうして今に山陰の小京都と呼ばれる景観が形成されたのである。

その津和野をこの目で見ようということから、私はなまこ塀と堀割で泳ぐ鯉の姿の印象的な津和野の町を歩き、西側に聳《そび》える城をめざした。観光リフトの山上駅から五分ほどして出丸《でまる》跡があって、これは坂崎直盛の改築時のものという。さらに行き本丸跡の大手門の東門跡に出て見上げると、三段櫓跡や天守台の高石垣は実に見応えがあった。

三の丸跡から眺める三十間台跡などの高石垣も圧巻で、その三十間台跡から眼下に広がる津和野の美しい町並みには見とれてしまった。益田に城下町を形成するとなれば、この津和野のようなあり方が考えられよう。七尾城を近世城郭として整備し、益田川にそって町割を施すというものである。

萩と益田

津和野藩とは違って、長州藩は山口から居館を移して、海辺に近世城下町の萩を形成した。ここは阿武《あぶ》川支流の橋本川と松本川が形成する三角州と、その周辺の沖積低地に立地する。中世には萩浦、萩津と称される湊が形成され、陶氏滅亡の頃からは津和野の吉見氏が支配するようになっていた。

吉見正頼は津和野と家督を広頼に譲った後、萩の指月《しづき》に居館を構えていた。広頼の嫡男元頼が文禄《ぶんろく》元(一五九二)年に豊臣秀吉の朝鮮出兵に従軍した時には、津和野を出発し、萩浦に着いた後に指月に至り、出仕した家臣を引見している(『朝鮮渡海日記』)。萩はすでに中世末期には吉見氏の居館や寺社があり、給人や町人たちの集住する町となっていたのである。

慶長五(一六〇〇)年に毛利氏が周防・長門二国に給地を縮小されるに及んで、指月の地が毛利氏に渡されると、慶長九年に毛利輝元は築城を開始、並行して町割を進め、翌十年に家臣の宅地を定めた。当初、山口・防府《ほうふ》・萩の三か所が藩庁の候補にあがったが、幕府の奨めた山口を避け萩を選んだという。海に面し、日本海に開けた地を選んだのであろう。

萩城の城郭は西北部に位置し、東西と南北に走る外堀によって城内と城下とが区切られ、三の曲輪(堀内)に藩の諸役所や毛利一門・永代家老・寄組といった重臣が配置され、家老となった益田氏の屋敷地もここにあり、下級家臣の屋敷は南側に形成された。町人地は町の東側に定められたが、もともとこの地は古萩町、吉田町などの町並みがあったという。その町人の代表格が長谷川恵休《えきゅう》で、唐物類や呉服を商って、呉服町の年寄などを務めた。

益田が城下町として発展していった場合、萩のような城下町を形成する道もあったろう。改めて益田を見れば、益田川と高津川という大きな河川が二つ流れこむ河口部にあり、この河口部に城下町を新たに形成するというものである。

しかし高津川に沿った地が津和野藩、益田川に沿った地が浜田藩に分割されたこともあって、城下町としては展開せずに在郷町として発展してゆくことになったのである。津和野藩も津和野の町が狭小なことから、海の近くの高津川の河口部に高津城を近世城郭として築き、そこに城下町を形成する動きもあったが、幕府の一国一城の方針が出され断念している。

*

益田をはじめとするこの山陰道一帯の町を比較してゆくと、中世から近世にかけて都市がどのように発展していったのかがよく見えてくる。益田も萩も日本海に面して対外交流を通じて発展してきた点も見逃せないのであって、絶えず外に目を向けたその動きから、やがて幕末の長州藩の飛躍が生まれたのであろう。

益田は城下町とならなかった分、並みの城下町とは違った発展をしてきた。中世の自立的な町の要素を色濃く残しながら、独自の発展を遂げ、多彩な人材を輩出しており、その特色を生かした街づくりが望まれる。

4 会津街道
日本の統合をめざした人々

◆福島県会津盆地

会津《あいづ》の地を訪れたのは、神奈川県藤沢市の歴史博物館の展示構想に関わったことから、先行していた福島県立博物館を視察するのが目的であった。構想は結局、実ることはなかったが、その時の会津の第一印象は、私が育った山梨の甲府盆地と実によく似ている点にあった。

周囲が山々に囲まれ、山から流れ出た川に沿って扇状地が形成され、やがてそれらの川が一つにまとまって山あいを流れてゆき、海へと注いでゆく。こうした山国の共通性から何が見えてくるだろうかと考えつつも、その時には時間の余裕がなく、地域の文化財などは見ずに帰ってしまったのだが、再び訪れた時は会津盆地内の文化財をじっくり見て廻った。

そうしたところ、仏像など貴重な文化財や遺跡が数多く残されていることに気づかされた。

山国であることから、ついつい閉鎖的と思いがちだが、実は四方の地との交流はむしろ活発だったのだ。四方を結ぶ街道が文化を運んで定着していたからである。そこで文化交流史という視点から会津に残る史跡や文化財を考え、会津の特質を探ってみた。

会津文化発祥の地

会津の地名の由来については、『古事記』『日本書紀』が崇神《すじん》天皇十年に四道に将軍として派遣したうちの北陸方面の大毘古《おおびこ》(大彦)命と、東海道方面の建沼河別《たけぬなかわわけ》(武渟川別)命とが当地で出会ったことから、相津(会津)となったとしている。

この国土統一事業の伝承から知られるように、古くから会津は北方への道と東方への道との交点として意識されてきた。では周囲を奥羽《おうう》山脈・越後山脈、飯豊《いいで》・吾妻《あずま》連峰、帝釈山《たいしゃくやま》・那須《なす》岳などの山々に囲まれた会津盆地において文化はどこから始まったのであろうか。

古代の会津の中心をなす会津郡の郡家《ぐうけ》があった、南部の会津若松《わかまつ》市の郡山《こおりやま》遺跡がヒントになる。この遺跡の河川跡から「会」という墨書のある土器や、布目瓦など郡家の存在を物語る多数の遺物が出土しており、それらは近くの大戸古窯《おおとこよう》で焼かれたもので、この窯は八世紀から九世紀にかけて須恵器を中心に大量の土器を生産していた。

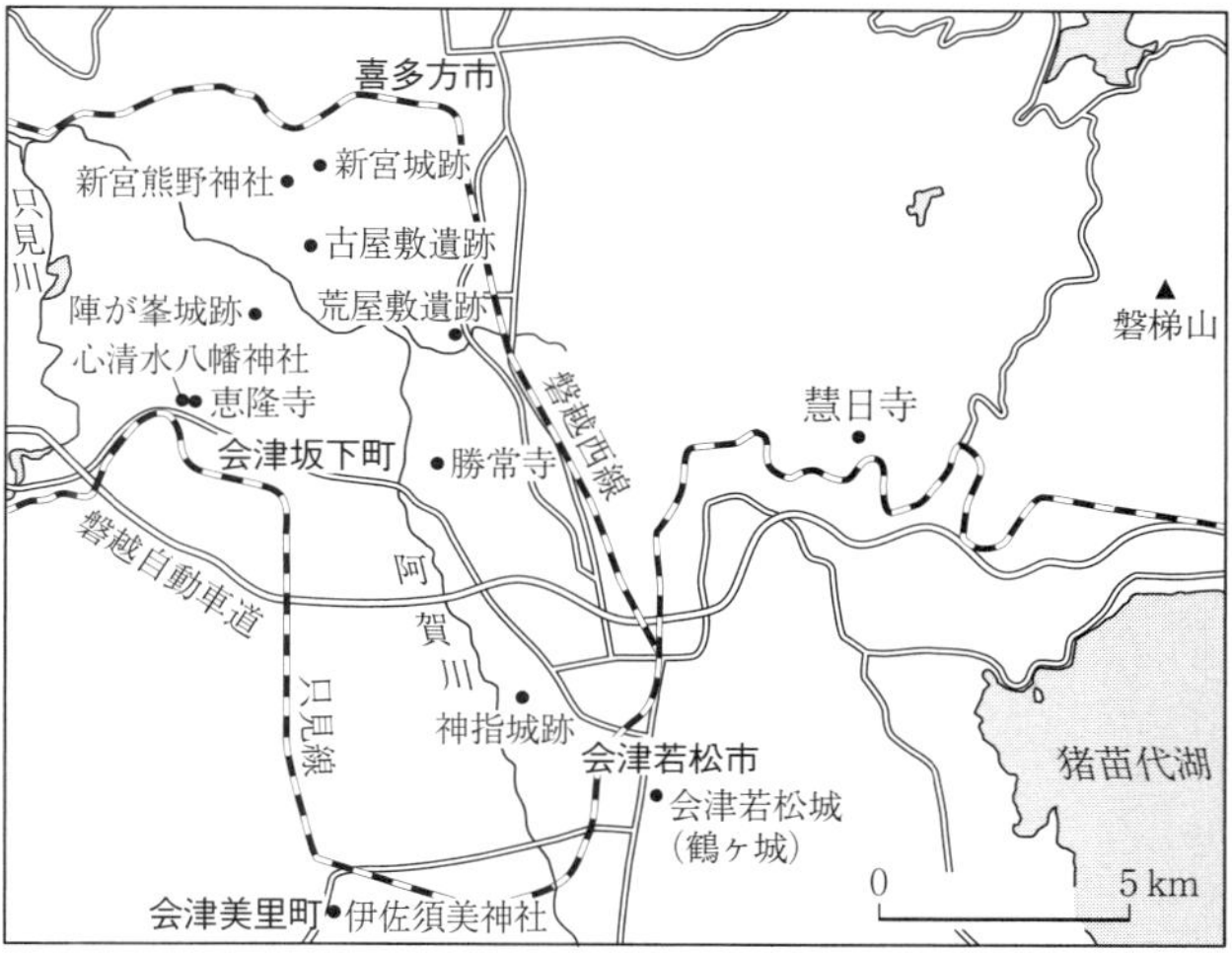

会津地方

ほかにも盆地南部には、『延喜式』に名神大社とある伊佐須美《いさすみ》神社（大沼郡会津美里町）や、小社の蚕養国《こがいくに》神社（会津若松市）もあるなど早くから開けていたことがわかる。その伊佐須美神社の由緒は、四道将軍の二人が行き逢った時、御神楽《みかぐら》岳に祀った神が明神ヶ岳を経て境内の南の高田南原に移りさらに現在地に移ってきた、と伝わっていて、この神社は後に「奥州二の宮」「会津総鎮守」と称された。

毎年ここで行われる田植え神事の「昼田植え」が他地域とは違って遅く七月に行われるなど、神事が全体に古い形式をとっており、私が訪れた日は縁日でないのにもかかわらず、賑わっていたのにはびっくりした。

このように会津は南部の地から開かれ北部地域へと及んでいった。平安初期になると、会津郡の北部の地が分割されて耶麻《やま》郡が置かれ、さらに遅れて大沼・河沼《かわぬま》二郡も分置され、文化は北へと広がったが、その地にやってきたのが、磐梯《ばんだい》山の西麓の地（耶麻郡磐梯町）に慧日《えにち》寺を建立した徳一《とくいつ》である。

仏教文化の流入

東国に下って筑波山で活動していた徳一は、会津に来てからは天台宗の最澄《さいちょう》に論戦を挑んだ。徳一自身の著作は残されておらず、最澄の反論への引用という形で知られる。

徳一の『仏性抄《ぶっしょうしょう》』に最澄が『照権実鏡《しょうごんじっきょう》』で反論したのに始まって、最終的には最澄が『法華秀句』（弘仁十二〔八二一〕年成立）を著した後に最澄が死去したので論争は終わるが、この論争からは平安初期の日本仏教界の熱気がよく伝わってくる。

徳一が最澄を「凡人臆説」「顚狂人」「愚夫」などと罵倒すれば、最澄も負けじと「麁食《そじき》者（貧しき奴）」や「北轅《ほくえん》者（役立たぬ奴）」などと切り返し、その応酬には激しいものがあった。この徳一の本拠としていた慧日寺を私が訪れたのは、発掘によってしだいに全貌が見え始めていた頃である。

戦国期に描かれた『絹本著色恵日寺絵図』によると、境内の伽藍は堂塔跡を中心に南北二町、東西一町の長方形の区画をなし、南大門や中門・金堂・根本堂および鎮守社が一線上に配され、その東側には観音堂・中堂・三重塔が、西側には講堂・阿弥陀堂・多宝塔等があって、北東隅の方形の張り出しに徳一の廟がある。

私はその南大門跡や金堂跡を見た後、徳一廟を訪れて往時を偲んだのであるが、その後に中門や金堂が復元されたと聞く。慧日寺に残る徳一に関わる仏具は白銅三鈷杵《さんこしょ》のみだが、慧日寺の西に位置する勝常寺《しょうじょうじ》(河沼郡湯川村)には、徳一開基の根本像とされる木造薬師如来坐像が鎮座していて、これはまことに印象的な顔立ちであった。

像高が百四十一センチで、脇侍《わきじ》の日光・月光菩薩などとともに天平彫刻の要素を多分に遺していて、九世紀の貞観仏《じょうがんぶつ》として高く評価されている。寺にはほかにも四天王像や聖《しょう》観音像、地蔵菩薩立像、虚空蔵《こくぞう》菩薩像があるばかりか、観音堂の本尊の十一面観音は他の像が春楡《はるにれ》や欅《けやき》材を使っているのに対し、桂《かつら》材である上に仏像の衣も異なっており、奈良末期～平安初期の伝統を享《う》けているという。

これらは奈良や京の仏像に比較しても全く遜色がない。その制作に徳一がどれほど関わっていたのかは明らかでないものの、徳一に代表される仏教文化が九世紀には会津に流入して根づいてゆき、その後に大きな影響を与えたであろうことは疑いない。

北との交流

陸奥国の南西に位置する会津であるが、八〜九世紀になると、国家の蝦夷《えみし》征討事業の影響を受けるようになった。延暦八(七八九)年六月、蝦夷の首長・阿弖流為《アテルイ》と戦った征東軍の一員の「会津壮麻呂《たけまろ》」が戦死したとあり(『続日本紀』)、会津の兵も蝦夷征討に派遣されていた。そうしたなかでやがて東北地方に新たな動きが始まった。

十一世紀に起きた前九年の合戦や後三年の合戦の際に、会津の兵が源氏の源頼義・義家に動員されたのが機縁となり、会津に武士の文化が広がった。それをよく物語るのが会津坂下町《ばんげまち》の陣《じん》が峯《みね》城跡である。

段丘上に築かれたこの城は、西・南・北が二重濠で囲まれていて、その濠の幅はあわせて六十メートル、深さが十五メートルにも及ぶ。内部の平場は東西百十メートル、南北百七十メートルからなり、掘立柱建物跡・鍛冶炉跡ほか、多数の溝跡が検出され、白磁などの貿易陶磁器や鉄製品も出土している。築城の年代は十二世紀と推定され、奥州藤原氏の平泉館《ひらいずみ》(柳之御所)

と規模や遺物が似ているので、奥州に広がっていた武士の居館と見られている。

これの少し前の十一世紀代の遺跡に秋田県横手市の大鳥井山《おおとりいやま》遺跡があって、これと同じく濠に囲まれ壇上に掘立柱建物跡などがあることから、北方に始まる城館の影響を受けてこの陣が峯城が築かれたのであろう。

この地は会津と越後とを結ぶ越後街道の基点にあたっており、交通の要衝を押さえる目的で築かれたと見られる。その点から、当時、越後で勢力を広げていた城氏により築かれたという指摘もあるが、遺跡から少し南にある恵隆《えりゅう》寺の縁起には、逆に城《じょう》氏と慧日寺の衆徒頭であった乗丹坊《じょうたんぼう》がここを攻め落とした、と記されている。

城跡からの遺物の多くが被熱し、多量の炭化物とともに鉄鏃《てつぞく》が出土しているので、城が戦いによって焼失したと推定されており、あるいは乗丹坊により攻め滅ぼされた時のものだったかもしれない。源平の争乱に際し、越後の城氏は乗丹坊の加勢を得て、養和《ようわ》二(一一八二)年に会津の勢力を率いて信濃に出たところ、横田河原で木曾義仲と戦った末に敗れて乗丹坊は討死した。城氏は「藍津之城」に引き籠もろうとしたが、奥州の藤原秀衡《ひでひら》が郎従を派遣して会津を奪ったので、逃げ込めなくなったという(『玉葉《ぎょくよう》』)。

なお恵隆寺の観音堂に安置されている十一面千手観音像は、「立木観音」の愛称があって八・

五メートルにも及ぶ鎌倉時代初期の作品であり、その西隣にある心清水《こころしみず》八幡神社は「塔寺八幡」とも称され、源頼義が石清水八幡宮を勧請したものと伝えられ、会津の歴史を記した『塔寺八幡宮長帳』を所蔵しており、ともに武士の信仰・文化の広がりをよく物語っている。

京・鎌倉との関わり

陣が峯城は、十一世紀に摂関家領として成立した蜷川《にながわ》荘内にあるが、この十一世紀から十二世紀にかけては、全国的に荘園が武士や国司の手によって中央の権門寺社に寄進されて成立している。

会津の荘園は会津郡に長江荘・門田《もんでん》荘、大沼郡に大沼荘、河沼郡に河沼荘・蜷川荘、耶麻郡に加納《かのう》荘・新宮《しんぐう》荘が知られ、そのうちの新宮荘には新宮熊野神社(喜多方《きたかた》市慶徳町)があり、この本殿に安置されている神像は十一世紀末頃の様式と認められる。長大な拝殿の「長床《ながゆか》」も平安末から鎌倉初期、周囲から発掘された土器も十二世紀のものなので、新宮荘は遅くとも十二世紀には成立していたのであろう。

こうした荘園の年貢は京都の領主に運ばれたが、その主要な運送ルートは盆地内の中小河川とそれを集めた阿賀《あが》川の水運であって、それらの川に沿っては物資運搬のための川湊が築かれていて、その一つが喜多方市塩川町に所在する荒屋敷《あらやしき》遺跡である。

ここは猪苗代湖《いなわしろ》を水源とする日橋川《にっぱし》が、いくつかの小河川を集めて阿賀川へと合流する少し手前の右岸、自然堤防や微高地上の段丘面と河川の氾濫原の低湿地上に立地し、方形の館や掘立柱建物などの遺構、十二世紀から十三世紀にかけての土器、白磁などの貿易陶磁器も出土している。さらにここから西三キロにも類似する遺跡の古館《ふるだて》遺跡があり、荘園の物資を運ぶための湊や津が河川に沿って生まれていた様子がよくわかる。

この会津の地に新たな変化をもたらしたのが、源平の争乱を経て成立した鎌倉幕府である。源頼朝は奥州合戦によって全国支配を達成すると、会津の地に鎌倉御家人を地頭として送ってきたが、その一つが相模の三浦氏の一族佐原《さはら》氏である。ただその活動の痕跡はあまりない。

鎌倉幕府の滅んだ時に出された元弘《げんこう》三（一三三三）年七月十九日の後醍醐天皇綸旨《りんし》は、足利氏に北条氏の没収地を与えており、そのなかに会津の地頭職があるので、会津は鎌倉後期になって幕府の実権を握った北条氏の所領（得宗領）となっていたことがわかる。幕府が滅んで南北朝の動乱が始まると、旧領の回復や勢力拡大をめざして動きはじめたのが、新宮熊野神社の北三百メートルの地に城館を築いた佐原氏一族の新宮氏などである。

会津の自立

新宮城も発掘調査がなされており、方形の平地居館の南と北を自然の谷を利用した濠となし、東には人工的な濠をめぐらしていた。出土した土器から十四世紀頃の築城と見られ、南北朝期から列島各地で成長してきた武士による居館形成の動きをよく物語っている。

こうした武士が会津盆地一帯に成長しては抗争を繰り返すなか、頭角を現したのが同じ佐原一族の蘆名《あしな》氏であって、蘆名氏は会津郡の南部の黒川(会津若松市)に本拠を置いて、「会津所々の城郭」を攻め、至徳《しとく》元(一三八四)年に現在の会津若松城の地に城郭を築いた。

会津盆地に蟠居していた加納荘の佐原氏をはじめとして河沼郡の北田《きただ》氏・藤倉氏などの有力な武士の城を次々に落とし、応永二十七(一四二〇)年には新宮氏の城も落とした。応永三十年六月に当主の蘆名盛政《もりまさ》は、会津郡の総鎮守的地位にあった黒川の諏訪神社の神職である祝《はふり》を任命し、その翌年に起きた塔寺八幡宮の門前の殺害事件では「当守護殿あしなの修理大夫盛政」が成敗したとあって(『塔寺八幡宮長帳』)、蘆名氏は事実上会津四郡の守護大名としての権限を握っていた。

この蘆名氏の動きは、関東の争乱や応仁の乱へと続いてゆく全国的争乱の先駆けとなったものであり、やがて蘆名盛氏《もりうじ》の代になると家臣団の反乱を克服して戦国大名へと成長し、ほぼ会津全域を掌握したほか、東の安積《あさか》・岩瀬両郡や越後の小河《おがわ》荘をもおさえ、治世の充実にも心がけていった。

永禄三(一五六〇)年から何度も徳政令を出し、簗田《やなだ》氏を商人司として登用して流通支配の強化を図り、新たに岩崎城(大沼郡会津美里町)を築いた。会津に蘆名氏によって自立した権力が築かれ、その後の会津地域の基本型が形成されたのである。

しかし戦国の乱世にあってはその自立も長くは続かなかった。次々と会津に侵攻する勢力が現れ、当主が若年で死亡したことなどもあって、再び蘆名家臣団が分裂するなか、常陸の佐竹《さたけ》氏から迎えた義広の代になって、北から侵攻してきた伊達《だて》政宗《まさむね》と戦うなか、天正十七(一五八九)年に磐梯山麓の摺上原《すりあげはら》(耶麻郡磐梯町・猪苗代町)の合戦で大敗を喫して、滅んでしまう。

全国統一の象徴

伊達氏による会津攻めを「惣無事《そうぶじ》」の命令に違反したとして咎めた豊臣秀吉は、翌年小田原北条氏を滅ぼすと、下野を経て南から会津黒川城に入って、奥羽地域の支配方針である「奥州仕置」を定め、ここに秀吉の天下統一の総仕上げがなった。

古代の四道将軍の伝承に続いて、会津はこの時にも全国支配を象徴する地とされたのであって、これは会津が占めていた歴史的位置をよく示している。秀吉の仕置にともなって、奥羽では検地が実施され、諸大名家の石高が確定し、それを基準とした軍役が課され、各大名は豊臣政権に組み込まれていった。

会津における伊達氏の支配が否定され、代わって会津四郡を与えられたのが蒲生氏郷《がもううじさと》である。近江出身で伊勢に松坂城を築いたことのある氏郷は、文禄元(一五九二)年に黒川城とその城下町の本格的建設を行って黒川を若松と改め、近江から木地師《きじし》や塗師《ぬし》を招くなど産業の振興に意を注ぎ、このときに今日に続く会津塗の基礎が形成された。

その氏郷が死去した後、越後から入部した上杉景勝は、徳川家康に対抗して若松城の北西に神指城《こうざし》を築き始めたが、その完成を見ないうちに関ヶ原の戦いで石田三成が敗れて、家康に降参し、慶長六(一六〇一)年に米沢へ移封された。神指城は築城途中で放棄されたために、城郭がいかに築かれてゆくのかがよくうかがえる稀有の遺跡である。

その後、会津では蒲生・加藤などの大名が続き、やがて保科正之《ほしなまさゆき》が藩主になって藩の体制を整えてから、保科氏の支配が続き、元禄九(一六九六)年から保科の姓が松平姓に改められ、明治維新まで藩政が続くことになった。

この間、会津藩政で特筆されるのは、寛政十(一七九八)年に会津藩家老の田中玄宰《はるなか》の進言により計画され、享和三(一八〇三)年に御用《ごよう》商人の須田新九郎の経費の寄付により完成を見た藩校の日新館《にっしんかん》であり、これには天文台も備わっていた。入学すると、素読所(小学)に属し、そこを修了した成績優秀者は講釈所(大学)への入学が認められ、さらに優秀な者には江戸や他藩への遊学が許された。

長州藩の吉田松陰が筑波・水戸を経て若松を訪れたのは嘉永五(一八五二)年のことで、日新館などで会津藩士と交流を重ね、日新館の教授の紹介で塔寺八幡の『塔寺八幡宮長帳』を見た後、越後へと赴いている(『東北遊日記』)。

その少し後に藩主の松平容保《かたもり》が京都守護職に就任し、京都で公武合体に動いたが、慶応三(一八六七)年の大政奉還とともに、薩摩・長州藩中心の明治新政府との対立が激化し、ついに戊辰《ぼしん》戦争では奥羽越列藩同盟の中心として新政府軍に抗戦した。

この会津戦争によって会津若松城が落城して新政府に降伏したことで、明治新政府は全国支配を達成した。ここからも全国支配の象徴としての会津の歴史的位置がうかがえよう。会津を征するものはよく日本を征するのである。

*

東北地方の南西隅にあって文化交流を広く行い、自立をめざしてきた会津の地の歴史的力を見てきた。同じ盆地でも甲府盆地では、甲州商人が盆地を出て経済の面で活躍をしたが、会津盆地を出て活躍した人の場合はどうだったのか。

京都に出た山本覚馬《かくま》は新島襄《にいじまじょう》を援助して同志社英学校の開設にあたり、新城新蔵《しんじょうしんぞう》や小西重直《しげなお》などは京都帝国大学の総長となり、東京に出た山川健次郎は東京帝国大学の総長に、井深梶之助《いぶかかじのすけ》は明治学院総理に、さらに高嶺秀夫は東京女子高等師範学校校長になるなど、学術・教育の面で活躍した人が多い。今後も文化交流の果実を生かし、学術・教育の面などを通じて、地域の力を伸ばしてほしいものである。

本書で扱わなかった地域について、今後、見てゆくための手掛かりをいくつか記しておこう。まず東北地方であるが、菅江真澄《すがえますみ》は津軽だけでなく、岩手や秋田にも行って多くの紀行文を記しており、これが参考になる。

さらに秋田ではイギリス人イザベラ・バードの『日本奥地紀行』をあわせて見ておきたいところである。岩手は宮沢賢治や石川啄木などの近代の文学者、あるいは平泉の藤原氏といった豪族の動きから見てゆきたい。山形については、芭蕉の『奥の細道』や出羽三山の参詣が手掛かりになろう。最上《もがみ》川の水運、鳥海山《ちょうかい》についても考えてみたい。

関東地方では、群馬には多くの古墳や温泉がありその文化を探ったらどうであろうか。温泉文化では宗祇《そうぎ》や宗長《そうちょう》が訪れた草津・伊香保《いかほ》温泉から見てゆきたい。埼玉は江戸との関わりを通じて見てゆくのがよいだろう。武蔵《むさし》の武士(武蔵七党)、利根川・荒川・入間《いるま》川などの川筋の動きにも注目したい。千葉は古くは貝塚や古墳があり、房総の海の幸にも焦点を

中部地方に入って山梨の甲府盆地は、会津盆地の分析が

のもよく、その富士山麓には多くの人
なる。この点は静岡の駿河《するが》地方にもあてはま
り、伊豆では温泉が、遠江では天竜川・浜名湖・遠州灘等
長野は古くから五つの地域の自立性が指摘されているので、地域
それが一つの信州にまとまってゆこうとする動きにも注目したい。岐阜は多く
信長などの大名が拠点としてきたことから、それらが手掛かりになる。

近畿地方の和歌山では高野山や熊野三山、紀ノ川・熊野灘などの山野河海があり、ここでも阿波徳島の分析が参考になる。四国の土佐では坂本龍馬の名がすぐに浮かぶが、むしろジョン万次郎といったタイプの違った人物から見てゆくのがおすすめである。

九州に入って長崎では長崎クンチの祭や長崎ちゃんぽんなど食から見てゆけば、その海域文化の特徴が見えてこよう。佐賀には有明海と吉野ヶ里遺跡などがあり、熊本には阿蘇山がある。鹿児島では薩摩《さつま》隼人や鹿児島神宮から考えてみたいところで、沖縄は広く日本列島史との関わりで見てゆくのがよく、その点は北海道と共通している。

早足で地域の歴史を探るポイントを指摘してきたが、これを自分の手で行う際の基本的な分析方法を次に記しておこう。その第一は、地域を孤立的に捉えずに他地域との関係・関連性を

しっかりと見て探ること。交流や相互関係を通じてこそ地域の独自性が発揮されるのであって、関係史的把握が必要とされる。

第二に、地域を狭く捉えずに広く捉えること。地域の範囲は多様で、重層的にも探ってゆきたい。町・市・県から海域、日本列島、東アジアなど重なり合う地域性を串刺しに把握することも求められる。

第三に、漫然と地域の歴史を探るのではなく、通時代史的に貫いている地域の力を考えてゆこう。ある分野に即して地域を見てゆけば、そこから日本史の流れも一貫して捉えられるのであって、こうした分野史的把握を試みてみたい。

第四に、文献史料だけでなく絵画や考古出土物、民俗伝承など様々な史料から地域の像を捉え、そこから独自性ある史料を発掘し、その特性を生かす史料論的把握に進んでゆこう。

総じて参考になるのは、県や市町村の歴史を記した地方史であるが、これらは時に専門的で詳しすぎることから、コンパクトにまとまって記す『広島県の歴史』(山川出版社、一九九九年)のような「新版県史シリーズ」や、『北秋田と羽州街道』(吉川弘文館、二〇〇〇年)のような「街道の日本史シリーズ」が便利である。

そこから「歴史散歩シリーズ」(山川出版社)や地域のガイドブック、さらに『日本歴史地名大系』(平凡社)や『角川日本地名大辞典』(角川書店)などの大部の地名辞典へと進むのがよいであろう。そして何よりも現地に赴いてその目で探ることが大事である。

最後になったが、地域の歴史を探るために現地に赴いた際、多くの方々には丁寧に案内をしていただいてきており、この場を借りてあつく感謝したい。

二〇一七年八月

五味文彦

五味文彦

1946年山梨県に生まれる．1970年東京大学大学院人文科学研究科修士課程修了．東京大学教授などを経て，
現在―東京大学・放送大学名誉教授
専攻―日本中世史
著書―『院政期社会の研究』(山川出版社)
『書物の中世史』(みすず書房)
『躍動する中世』(全集 日本の歴史5，小学館)
『日本史の新たな見方，捉え方』(敬文舎)
『文学で読む日本の歴史』古典文学篇，中世社会篇(山川出版社)
『日本史のなかの横浜』(有隣堂)
『シリーズ日本中世史① 中世社会のはじまり』(岩波新書)ほか多数

日本の歴史を旅する　岩波新書(新赤版)1676

2017年9月20日　第1刷発行

著　者　五味文彦《ごみふみひこ》

発行者　岡本　厚

発行所　株式会社 岩波書店
〒101-8002 東京都千代田区一ツ橋2-5-5
案内 03-5210-4000　営業部 03-5210-4111
http://www.iwanami.co.jp/

新書編集部 03-5210-4054
http://www.iwanamishinsho.com/

印刷・理想社　カバー・半七印刷　製本・中永製本

ISBN 978-4-00-431676-3　Printed in Japan

岩波新書新赤版一〇〇〇点に際して

ひとつの時代が終わったと言われて久しい。だが、その先にいかなる時代を展望するのか、私たちはその輪郭すら描きえていない。二〇世紀から持ち越した課題の多くは、未だ解決の緒を見つけることのできないままであり、二一世紀が新たに招きよせた問題も少なくない。グローバル資本主義の浸透、憎悪の連鎖、暴力の応酬――世界は混沌として深い不安の只中にある。

現代社会においては変化が常態となり、速さと新しさに絶対的な価値が与えられた。消費社会の深化と情報技術の革命は、種々の境界を無くし、人々の生活やコミュニケーションの様式を根底から変容させてきた。ライフスタイルは多様化し、一面では個人の生き方をそれぞれが選びとる時代が始まっている。同時に、新たな格差が生まれ、様々な次元での亀裂や分断が深まっている。社会や歴史に対する意識が揺らぎ、普遍的な理念に対する根本的な懐疑や、現実を変えることへの無力感がひそかに根を張りつつある。そして生きることに誰もが困難を覚える時代が到来している。

しかし、日常生活のそれぞれの場で、自由と民主主義を獲得し実践することを通じて、私たち自身がそうした閉塞を乗り超え、希望の時代の幕開けを告げてゆくことは不可能ではあるまい。そのために、いま求められていること――それは、個と個の間で開かれた対話を積み重ねながら、人間らしく生きることの条件について一人ひとりが粘り強く思考することではないか。その営みの糧となるものが、教養に外ならないと私たちは考える。歴史とは何か、よく生きるとはいかなることか、世界そして人間はどこへ向かうべきなのか――こうした根源的な問いとの格闘が、文化と知の厚みを作り出し、個人と社会を支える基盤としての教養となった。まさにそのような教養への道案内こそ、岩波新書が創刊以来、追求してきたことである。

岩波新書は、日中戦争下の一九三八年一一月に赤版として創刊された。創刊の辞は、道義の精神に則らない日本の行動を憂慮し、批判的精神と良心的行動の欠如を戒めつつ、現代人の現代的教養を刊行の目的とする、と謳っている。以後、青版、黄版、新赤版と装いを改めながら、合計二五〇〇点余りを世に問うてきた。そして、いままた新赤版が一〇〇〇点を迎えたのを機に、人間の理性と良心への信頼を再確認し、それに裏打ちされた文化を培っていく決意を込めて、新しい装丁のもとに再出発したいと思う。一冊一冊から吹き出す新風が一人でも多くの読者の許に届くこと、そして希望ある時代への想像力を豊かにかき立てることを切に願う。

（二〇〇六年四月）

日本史

- 鏡が語る古代史　岡村秀典
- 日本の近代とは何であったか　三谷太一郎
- 戦国と宗教　神田千里
- 古代出雲を歩く　平野芳英
- 自由民権運動 〈デモクラシー〉の夢と挫折　松沢裕作
- 風土記の世界　三浦佑之
- 京都の歴史を歩く　小林丈広・高木博志・三枝暁子
- 蘇我氏の古代　吉村武彦
- 昭和史のかたち　保阪正康
- 「昭和天皇実録」を読む　原武史
- 生きて帰ってきた男　小熊英二
- 遺骨 戦没者三一〇万人の戦後史　栗原俊雄
- 在日朝鮮人 歴史と現在　水野直樹・文京洙
- 京都〈千年の都〉の歴史　高橋昌明
- 唐物の文化史　河添房江
- 小林一茶 時代を詠んだ俳諧師　青木美智男
- 信長の城　千田嘉博
- 出雲と大和　村井康彦
- 女帝の古代日本　吉村武彦
- 秀吉の朝鮮侵略と民衆　北島万次
- コロニアリズムと文化財　荒井信一
- 特高警察　荻野富士夫
- 朝鮮人強制連行　外村大
- 勝海舟と西郷隆盛　松浦玲
- 古代国家はいつ成立したか　都出比呂志
- 渋沢栄一 社会企業家の先駆者　島田昌和
- 前方後円墳の世界　広瀬和雄
- 木簡から古代がみえる　木簡学会編
- 中世民衆の世界　藤木久志
- 中国侵略の証言者たち　岡部牧夫・荻野富士夫・吉田裕編
- 漆の文化史　四柳嘉章
- 法隆寺を歩く　上原和
- 平家の群像 物語から史実へ　高橋昌明
- シベリア抑留　栗原俊雄
- アマテラスの誕生　溝口睦子
- 中国残留邦人　井出孫六
- 証言 沖縄「集団自決」　謝花直美
- 幕末の大奥 天璋院と薩摩藩　畑尚子
- 遣唐使　東野治之
- 戦艦大和 生還者たちの証言から　栗原俊雄
- 金・銀・銅の日本史　村上隆
- 中世日本の予言書　小峯和明
- 沖縄現代史〔新版〕　新崎盛暉
- 刀狩り　藤木久志
- 戦後史　中村政則
- 明治デモクラシー　坂野潤治
- 環境考古学への招待　松井章
- 日本人の歴史意識　阿部謹也
- 明治維新と西洋文明　田中彰
- 新選組　松浦玲

岩波新書より

奈良の寺	奈良文化財研究所編
植民地朝鮮の日本人	高崎宗司
聖徳太子	吉村武彦
漂着船物語	大庭脩
東西／南北考	赤坂憲雄
江戸の見世物	川添裕
王陵の考古学	都出比呂志
日本文化の歴史	尾藤正英
日本の神々	谷川健一
南京事件	笠原十九司
日本社会の歴史 上・中・下	網野善彦
絵地図の世界像	応地利明
江戸の訴訟	高橋敏
宣教師ニコライと明治日本	中村健之介
神仏習合	義江彰夫
謎解き 洛中洛外図	黒田日出男
韓国併合	海野福寿
従軍慰安婦	吉見義明

中世に生きる女たち	脇田晴子
考古学の散歩道	田中琢・佐原真
中世倭人伝	村井章介
琉球王国	高良倉吉
昭和天皇の終戦史	吉田裕
西郷隆盛	猪飼隆明
平泉 よみがえる中世都市	斉藤利男
象徴天皇制への道	中村政則
正倉院	東野治之
軍国美談と教科書	中内敏夫
青鞜の時代	堀場清子
子どもたちの太平洋戦争	山中恒
江戸名物評判記案内	中野三敏
国防婦人会	藤井忠俊
徳政令	笠松宏至
一揆	勝俣鎮夫
日本文化史〔第二版〕	家永三郎
自由民権	色川大吉
徴兵制	大江志乃夫

寺社勢力	黒田俊雄
神々の明治維新	安丸良夫
茶の文化史	村井康彦
戒厳令	大江志乃夫
漂海民	羽原又吉
真珠湾・リスボン・東京	森島守人
陰謀・暗殺・軍刀	森島守人
東京大空襲	早乙女勝元
兵役を拒否した日本人	稲垣真美
天保の義民	松好貞夫
近衛文麿	岡義武
管野すが	絲屋寿雄
山県有朋	岡義武
福沢諭吉	小泉信三
吉田松陰	奈良本辰也
大岡越前守忠相	大石慎三郎
江戸時代	北島正元
大坂城	岡本良一
豊臣秀吉	鈴木良一
織田信長	鈴木良一

岩波新書より

歌舞伎以前　林屋辰三郎
京　都　林屋辰三郎
日本の歴史 中　井上　清
天皇の祭祀　村上重良
沖縄のこころ　大田昌秀
ひとり暮しの戦後史　塩沢美代子・島田とみ子
伝　説　柳田国男
岩波新書で「戦後」をよむ　小森陽一・成田龍一・本田由紀
岩波新書の歴史 付・総目録 1938-2006　鹿野政直

シリーズ日本近世史
戦国乱世から太平の世へ　藤井譲治
村 百姓たちの近世　水本邦彦
天下泰平の時代　高埜利彦
都　市 江戸に生きる　吉田伸之
幕末から維新へ　藤田　覚

シリーズ日本古代史
農耕社会の成立　石川日出志
ヤマト王権　吉村武彦
飛鳥の都　吉川真司
平城京の時代　坂上康俊
平安京遷都　川尻秋生
摂関政治　古瀬奈津子

シリーズ日本近現代史
幕末・維新　井上勝生
民権と憲法　牧原憲夫
日清・日露戦争　原田敬一
大正デモクラシー　成田龍一
満州事変から日中戦争へ　加藤陽子
アジア・太平洋戦争　吉田　裕
占領と改革　雨宮昭一
高度成長　武田晴人
ポスト戦後社会　吉見俊哉
日本の近現代史をどう見るか　岩波新書編集部編

シリーズ日本中世史
中世社会のはじまり　五味文彦
鎌倉幕府と朝廷　近藤成一
室町幕府と地方の社会　榎原雅治
分裂から天下統一へ　村井章介

岩波新書より

随筆

作家的覚書　髙村薫
落語と歩く　田中敦
日本の一文 30選　中村明
ナグネ 中国朝鮮族の友と日本　最相葉月
子どもと本　松岡享子
医学探偵の歴史事件簿 ファイル2　小長谷正明
里の時間　芥川仁 阿部直美
閉じる幸せ　残間里江子
女の一生　伊藤比呂美
仕事道楽 新版 スタジオジブリの現場　鈴木敏夫
医学探偵の歴史事件簿　小長谷正明
もっと面白い本　成毛眞
99歳一日一言　むのたけじ
土と生きる 循環農場から　小泉英政
なつかしい時間　長田弘
ラジオのこちら側で　ピーター・バラカン
面白い本　成毛眞
百年の手紙　梯久美子
本へのとびら　宮崎駿
思い出袋　鶴見俊輔
活字たんけん隊　椎名誠
道楽三昧　小沢昭一 神崎宣武 聞き手
人生読本 落語版　矢野誠一
ブータンに魅せられて　今枝由郎
文章のみがき方　辰濃和男
悪あがきのすすめ　辛淑玉
水の道具誌　山口昌伴
スローライフ　筑紫哲也
森の紳士録　池内紀
シナリオ人生　新藤兼人
怒りの方法　辛淑玉
活字の海に寝ころんで　椎名誠
四国遍路　辰濃和男
老人読書日記　新藤兼人
夫と妻　永六輔
ことば散策　山田俊雄
活字博物誌　椎名誠
現代人の作法　中野孝次
職人　永六輔
あいまいな日本の私　大江健三郎
大往生　永六輔
文章の書き方　辰濃和男
勝負と芸 わが囲碁の道　藤沢秀行
メキシコの輝き　黒沼ユリ子
白球礼讃 ベースボールよ永遠に　平出隆
ラグビー 荒ぶる魂　大西鉄之祐
活字のサーカス　椎名誠
新つけもの考　前田安彦
プロ野球審判の眼　島秀之助
マンボウ雑学記　北杜夫
アメリカ遊学記　都留重人
ヒマラヤ登攀史〔第二版〕　深田久弥
南極越冬記　西堀栄三郎

岩波新書より

芸術

- ヴェネツィア 美の都の一千年 — 宮下規久朗
- 丹下健三 戦後日本の構想者 — 豊川斎赫
- 学校で教えてくれない音楽 — 大友良英
- 中国絵画入門 — 宇佐美文理
- 瞽女うた — ジェラルド・グローマー
- 東北を聴く — 佐々木幹郎
- 黙示録 — 岡田温司
- ボブ・ディラン ロックの精霊 — 湯浅学
- 仏像の顔 — 清水眞澄
- ヘタウマ文化論 — 山藤章二
- 小さな建築 — 隈研吾
- デスマスク — 岡田温司
- コルトレーン ジャズの殉教者 — 藤岡靖洋
- 雅楽を聴く — 寺内直子
- 歌謡曲 — 高護
- 四コマ漫画 — 清水勲
- 琵琶法師 — 兵藤裕己
- 歌舞伎の愉しみ方 — 山川静夫
- 自然な建築 — 隈研吾
- シェイクスピアのたくらみ — 喜志哲雄
- 肖像写真 — 多木浩二
- 東京遺産 — 森まゆみ
- 日本の色を染める — 吉岡幸雄
- プラハを歩く — 田中充子
- コーラスは楽しい — 関屋晋
- 日本絵画のあそび — 榊原悟
- イギリス美術 — 高橋裕子
- ぼくのマンガ人生 — 手塚治虫
- 日本の近代建築 上・下 — 藤森照信
- 日本の舞踊 — 渡辺保
- 千利休 無言の前衛 — 赤瀬川原平
- やきもの文化史 — 三杉隆敏
- 色彩の科学 — 金子隆芳
- 歌右衛門の六十年 — 中村歌右衛門・山川静夫
- フルトヴェングラー — 脇圭平・芦津丈夫
- 床の間 — 太田博太郎
- 日本の耳 — 小倉朗
- 写真の読みかた — 名取洋之助
- 水墨画 — 矢代幸雄
- 絵を描く子供たち — 北川民次
- 名画を見る眼 正・続 — 高階秀爾
- ギリシアの美術 — 澤柳大五郎
- ヴァイオリン — 無量塔蔵六
- 音楽の基礎 — 芥川也寸志
- 日本美の再発見〔増補改訳版〕 — ブルーノ・タウト、篠田英雄訳

(2017. 8)

岩波新書より

宗教

パウロ 十字架の使徒　青野太潮
弘法大師空海と出会う　川﨑一洋
高野山　松長有慶
マルティン・ルター　徳善義和
教科書の中の宗教　藤原聖子
『教行信証』を読む 親鸞の世界へ　山折哲雄
国家神道と日本人　島薗進
聖書の読み方　大貫隆
寺よ、変われ　高橋卓志
親鸞をよむ　山折哲雄
日本宗教史　末木文美士
法華経入門　菅野博史
イスラム教入門　中村廣治郎
ジャンヌ・ダルクと蓮如　大谷暢順
蓮如　五木寛之
キリスト教と笑い　宮田光雄
密教　松長有慶
仏教入門　三枝充悳
モーセ　浅野順一
イスラーム(回教)　蒲生礼一
ヨブ記　浅野順一
聖書入門　小塩力
慰霊と招魂　村上重良
国家神道　村上重良
お経の話　渡辺照宏
日本の仏教　渡辺照宏
仏教〔第二版〕　渡辺照宏
禅と日本文化　鈴木大拙 北川桃雄訳

心理・精神医学

モラルの起源　亀田達也
トラウマ　宮地尚子
自閉症スペクトラム障害　平岩幹男
自殺予防　高橋祥友
だます心だまされる心　安斎育郎
痴呆を生きるということ　小澤勲
快適睡眠のすすめ　堀忠雄
精神病　笠原嘉
やさしさの精神病理　大平健
生涯発達の心理学　高橋惠子 波多野誼余夫
心病める人たち　石川信義
コンプレックス　河合隼雄
日本人の心理　南博

岩波新書より

哲学・思想

社会

歩く、見る、聞く 人びとの自然再生　宮内泰介
対話する社会へ　暉峻淑子
悩みいろいろ　金子勝
魚と日本人 食と職の経済学　濱田武士
ルポ 貧困女子　飯島裕子
鳥獣害 動物たちと、どう向きあうか　祖田修
科学者と戦争　池内了
新しい幸福論　橘木俊詔
ブラックバイト 学生が危ない　今野晴貴
原発プロパガンダ　本間龍
ルポ 母子避難　吉田千亜
日本にとって沖縄とは何か　新崎盛暉
日本病 長期衰退のダイナミクス　金子勝・児玉龍彦
雇用身分社会　森岡孝二
生命保険とのつき合い方　出口治明

ルポ にっぽんのごみ　杉本裕明
鈴木さんにも分かるネットの未来　川上量生
地域に希望あり　大江正章
世論調査とは何だろうか　岩本裕
フォト・ストーリー 沖縄の70年　石川文洋
ルポ 保育崩壊　小林美希
多数決を疑う 社会的選択理論とは何か　坂井豊貴
アホウドリを追った日本人　平岡昭利
朝鮮と日本に生きる　金時鐘
被災弱者　岡田広行
農山村は消滅しない　小田切徳美
復興〈災害〉　塩崎賢明
「働くこと」を問い直す　山崎憲
原発と大津波 警告を葬った人々　添田孝史
縮小都市の挑戦　矢作弘
福島原発事故 被災者支援政策の欺瞞　日野行介
日本の年金　駒村康平

食と農でつなぐ 福島から　塩谷弘康・岩崎由美子
過労自殺〔第二版〕　川人博
金沢を歩く　山出保
ドキュメント 豪雨災害　稲泉連
ひとり親家庭　赤石千衣子
女のからだ フェミニズム以後　荻野美穂
〈老いがい〉の時代　天野正子
子どもの貧困 II　阿部彩
性と法律　角田由紀子
ヘイト・スピーチとは何か　師岡康子
生活保護から考える　稲葉剛
かつお節と日本人　宮内泰介・藤林泰
家事労働ハラスメント　竹信三恵子
福島原発事故 県民健康管理調査の闇　日野行介
電気料金はなぜ上がるのか　朝日新聞経済部
おとなが育つ条件　柏木惠子
在日外国人〔第三版〕　田中宏
まち再生の術語集　延藤安弘

岩波新書より

現代世界

習近平の中国 百年の夢と現実　林　望
中国のフロンティア　川島　真
シリア情勢　青山弘之
ルポ トランプ王国　金成隆一
ルポ 難民追跡 バルカンルートを行く　坂口裕彦
アメリカ政治の壁　渡辺将人
プーチンとG8の終焉　佐藤親賢
香港 中国と向き合う自由都市　倉田　徹／張　イクマン
〈文化〉を捉え直す　渡辺　靖
イスラーム圏で働く　桜井啓子編
中南海 知られざる中国の中枢　稲垣　清
フォト・ドキュメンタリー 人間の尊厳　林　典子
(株)貧困大国アメリカ　堤　未果
女たちの韓流　山下英愛
新・現代アフリカ入門　勝俣　誠
中国の市民社会　李　妍焱
勝てないアメリカ　大治朋子
ブラジル 跳躍の軌跡　堀坂浩太郎
非アメリカを生きる　室　謙二
ネット大国中国　遠藤　誉
中国は、いま　国分良成編
ジプシーを訪ねて　関口義人
中国エネルギー事情　郭　四志
アメリカン・デモクラシーの逆説　渡辺　靖
ユーラシア胎動　堀江則雄
オバマ演説集　三浦俊章編訳
ルポ 貧困大国アメリカII　堤　未果
オバマは何を変えるか　砂田一郎
タイ 中進国の模索　末廣　昭
平和構築　東　大作
イスラエル　臼杵　陽
ドキュメント アメリカの金権政治　軽部謙介
ネイティブ・アメリカン　鎌田　遵
アフリカ・レポート　松本仁一
ヴェトナム新時代　坪井善明
イラクは食べる　酒井啓子
ルポ 貧困大国アメリカ　堤　未果
エビと日本人II　村井吉敬
北朝鮮は、いま　北朝鮮研究学会編／石坂浩一監訳
欧州連合 統治の論理とゆくえ　庄司克宏
バチカン　郷富佐子
国際連合 軌跡と展望　明石　康
アメリカよ、美しく年をとれ　猿谷　要
日中関係 戦後から新時代へ　毛里和子
いま平和とは　最上敏樹
「民族浄化」を裁く　多谷千香子
サウジアラビア　保坂修司
中国激流 13億のゆくえ　興梠一郎
多民族国家 中国　王　柯
国連とアメリカ　最上敏樹
東アジア共同体　谷口　誠

岩波新書/最新刊から

1668 親権と子ども　榊原富士子・池田清貴 著
離婚時の親権を巡る争い。虐待から救う時の「壁」にもなる親権。弁護士としての経験とともに、子どもの視点を盛り込みながら解説。

1669 ゲノム編集を問う ―作物からヒトまで―　石井哲也 著
「ゲノム編集」とは何で、何が問題なのか。規制と推進とで揺れる中、農業・医療におけるその可能性と課題をあぶり出す。

1670 戦争をよむ 70冊の小説案内　中川成美 著
物語の中で生き続ける、戦時下の人びとの葛藤と苦しみ、そして悲しみ。戦前回帰の予感のなかで、戦争の文学を再読する。

1671 町を住みこなす ―超高齢社会の居場所づくり―　大月敏雄 著
人びとのライフステージごとの暮らしの変化に柔軟に対応できる町のあり方とは？「住めば都」の必要条件を考える。

1672 〈ひとり死〉時代のお葬式とお墓　小谷みどり 著
火葬のみのお葬式、新しい人間関係から生まれる共同墓……。死後を誰に託すのか。具体的な事例とともに、これからを考える。

1673 中原中也 沈黙の音楽　佐々木幹郎 著
存在の不安がみなぎる作品の数々は、どこからきたのか。生誕一一〇年、没後八〇年。最新資料から見えてきた、詩人の息づかい。

1674 一茶の相続争い ―北国街道柏原宿訴訟始末―　高橋敏 著
俳人小林一茶、こと百姓弥太郎。その異母弟との骨肉の争いを語るものは少ない。巧みに隠された「弥太郎」の本性を明るみに出す。

1675 日本文化をよむ 5つのキーワード　藤田正勝 著
西行の「心」、親鸞の「悪」、長明の「無常」ほか5つのキーワードから、日本文化の根底にあるものの見方、美意識のあり方を描く。

(2017.9)